大阪人物往来

人がたり外伝

倉橋健一
Kurahashi Kenichi

澪標

目次

装幀　森本良成

道頓堀の小林秀雄

小林秀雄といえば、昭和文学史上、強烈な個性をもって創造批評を展開した、まれに見る硬骨漢として今なお私たちにしたしい。

その小林が青春時代のある時期、うっせきした表情で道頓堀など、大阪の街をしきりに彷徨したことがあった。

戦争直後の一九四六年（昭和21）に書かれた有名な『モーツアルト』のなかには、つぎのような数行がある。

もう二十年も昔の事を、どういふ風に思ひだしたらよいかわからないのであるが、僕の乱脈な放浪時代の或る冬の夜、大阪の道頓堀をうろついてゐた時、突然、このト短調シンフォニイの有名なテエマが頭の中に鳴ったのである

私の推定にまちがいがなければ、その時期は、一九二八年（昭和3）から翌年にかけての冬のこ

とではなかったかと思う。

この年の五月、小林は、中原中也との三角関係によって生じた長谷川泰子との同棲に疲れ、泰子から逃れて、奈良幸町の志賀直哉をたずねていた。

中原が、京都で知り合った映画の大部屋女優で、三歳年上の泰子を連れて上京したのは一九二五年（大正14）三月であった。やがて詩人の冨永太郎の紹介で小林を知り、小林と泰子は恋におちる。泰子が中原のもとを去り、小林との新しい生活に入ったのは一九二五年（大正14）十一月の下旬であった。その日、中原は、泰子の荷物の一つであるワレ物の包みを新しい家まで届けている。小林は茶色のドテラを着てうつむいて新聞を読んでいた。中原は冷静なようだが、のち未発表の顚末をしるした『わが生活』という一文のなかに「一日々々と日が経てば経つ程、私はたゞもう口惜《くや》しくなるのだった」と記している。

だが、小林の生活もうまくいかなかった。泰子はひどい神経衰弱になり、異常なほどの潔癖症におちいっていた。たとえば汚れた食器に手を触れることができない。小林の父が外国から持ち帰った虎の皮を自分の領分と定め、そこに他人が侵入してくることをけっしてゆるさない。何がほんとうに汚ないかもいってきかせねばならない。泰子が「オシッコは汚ないの」とたずねると、とっさに小林が「ああ、汚ないよ」と答えるしまつだった。

中原との三角関係については、のち『中原中也の思ひ出』のなかで、小林自身がこう書きとめている。

中原と會って間もなく、私は彼の情人に惚れ、三人の協力の下に（人間は憎み合ふ事によっても協力する）、奇怪な三角関係が出来上り、やがて彼女と私は同棲した。この忌はしい出来事が、私と中原との間を目茶々々にした

さて、関西の小林は、四天王寺の亀の子がうじゃうじゃしている池を終日眺めながら、日向ぼっこをするような生活をつづけていた。また道頓堀を歩いていて、急に音楽が聴きたくなり、蓄音器屋へ飛びこむようなこともあった。

モーツアルトのト短調シンフォニーが頭のなかで鳴ったのも、そんなひと駒だったろう。周知のとおり、第四十番シンフォニーは、アレグロ・モルトで、短音階のもつ独特な悲哀の曲調で始められる。だが暗い不気味な雰囲気はまるでなく、清冽な悲しみといった印象のほうが強い。小林秀雄のなかに、すでに回復がはじまっていたとみてよいだろう。

それにしても、とりわけ喧噪で、とりわけ庶民的な道頓堀で、小林秀雄の頭のなかに響いたリズムはやはり面白い。賢い人はちがうなあ、と皮肉ってみるより、道頓堀もなかなかやるなあ、とうぬぼれておくほうが面白いだろう。感動でふるえた小林は、ただちに百貨店に駆けこんでレコードを聞いた。しかし感動はもはや還ってこなかった。ちなみに当時の百貨店は夜九時まで営業していたようだ。

人物プロフィール

こばやし・ひでお（一九〇二～一九八三）

東京生まれ。評論家。東大仏文科卒業。深い知識と鋭い知性をもった昭和文学の代表的文芸評論家。戦前、プロレタリア文学衰退後の社会的重圧のなかで、強烈な個性をもって、主観的でかつ客観性を失わない独自な批評を展開した。戦後、芸術院会員。『ドストエフスキーの生活』『モーツアルト』『無常といふ事』など多数の著作がある。

道頓堀と辻潤

一九二三年（大正12）の九月二〇日の暮れ方、よれよれの単衣《ひとえ》を着て腰に手拭いをぶら下げた、だが慧々とした眼差しと広いひたい、それに長髪がひどく印象的な四〇がらみの男が、手に一管の尺八をたずさえて、どこへゆくとも知れず、道頓堀を東へ向けて歩いていた。

と、まあこんなふうに書けば、いささか小説仕立てになってくるが、皆さん、大正時代の虚無思想家でエッセイスト、スチルネルの『唯一者とその所有』やロンブロオゾオの『天才論』の訳出で一世を風靡した、辻潤を知っているだろうか。

ご存じないとしても、あの関東大震災のどさくさにまぎれて、甘粕憲兵大尉の手によって拉致され虐殺された無政府主義者大杉栄とその妻伊藤野枝、この野枝の最初の夫といえば思いあたる人も多いだろう。

この辻と野枝に恋愛関係が生じたのは一九一一年（明治44）、辻二八歳、野枝一六歳のときであった。その前年、野枝は上野女学校の四年に入学し、英語教師をしていた辻と知り合った。一九一二年（同45）四月、二人は同棲するが、教え子との恋愛ということで教職を追われる。

このあたり、辻自身に語らせるほうが興味深い。

染井の森で僕は野枝さんと生まれて初めての恋愛をやったのだ。遺憾なきまでに徹底させた。昼夜の別なく情炎の中に浸った。初めて自分は生きた。あの時、僕が情死していたら、如何に幸福であり得たことか！　それを考えると、僕はただ野枝さんに感謝するのみだ。そんなことを永久に続けようなどという考えがそもそものまちがいなのだ

その野枝が、辻とのあいだに生まれた長男のまことを辻のもとに置き、生まれて一年ちょっとの流二を里子に出して大杉栄の元に走ったのは、四年後の一九一六年（大正5）のことであった。この間、野枝は『青鞜』の編集の主力になるなど活発に行動しており、ようやくハタチをこえたばかりの野枝にとって、思索型の辻から行動派の大杉への心変わりは、ある面で自然ななりゆきであったともいえなくもない。

ただ興味深いのはその後、野枝が、『転機』『成長が生んだ私の恋愛破綻』『自由意志による結婚の破綻』など小説やエッセイで、くわしく辻との生活破綻をのべたのにたいし、辻はいっさい沈黙を守ったことである。

辻がそれを破るのは、野枝の死を知ってからであった。『婦人公論』から「おもいで」という表題をあたえられ、四国の八幡浜で、その愛と別れと現況をつづったのが『ふもれすく』という一

文であった。先に引いたのもこの文のなかの一節であり、道頓堀に辻がぼんやりと姿をあらわすのも、文中で辻自身が語っているからである。

ついでながら、辻の晩年の恋人に松尾季《とし》という女性がいる。京都女専（現京都女子大）の学生だったころ『ふもれすく』を読み、「どうあがいても助からぬ地獄の底から助けを求めている声をきいたように感じ」たという。そこで手紙を出したのが、辻と出会うきっかけとなった。

さて、道頓堀の場面である。地震で家をつぶされ、野天生活に入った辻は、一〇日余りして、母親と息子のまことを妹に預け、身重の二度目の妻キヨを岡山のキヨの実家におくるべく旅に出た。途中、金策の都合もあって、大阪に立ち寄ったのが、道頓堀に姿をあらわした動機だった。

夏、西日が道頓堀川の川面を染めあげていたにちがいなかった。ふと、前方から鈴を振ってくる号外屋がいて、なに気なく受けとったとたん、地震とはせんぜん異なった強いショックが、辻の脳裏を鋭くかすめて走った。甘粕憲兵大尉無政府主義者殺害とあって、大杉とともに野枝の名が刻まれているのをはっきりと見たからである。殺害日は九月一六日、犠牲者は他に大杉の六歳になる甥の橘宗一少年であった。辻はそのあと、何気ない顔つきをして、俗謡のある一節を口遊みながら、もうろうとした意識に包まれて巷をさまよいつづけていった。

ちなみに大丸、高島屋デパートが出来たのが前年の一九二二年（大正11）。道頓堀には芝居茶屋が十数軒も立ち並んでいた時代であった。『ふもれすく』のなかで、辻は、「僕は野枝さんが好きだった」「野枝さんにどんな欠点があろうと、彼女の本質を僕は愛していた」とあらためて告白している。
ついでながら、冒頭、その日を九月二〇日としたのは私の独断である。ただ、この日『時事新報』と『読売新聞』が号外で事件を報じ、すぐ発売禁止になっている。

人物プロフィール

つじ・じゅん（一八八四〜一九四四）

東京生まれ。大正期の虚無思想家・評論家。『唯一者とその所有』の翻訳紹介は、当時の知的青年層にひじょうに大きな影響をあたえた。女学校の教師時代に生徒の伊藤野枝と恋愛。のち野枝は大杉栄のもとに走って関東大震災のなかで共に憲兵隊の手で虐殺されるが、野枝もまた辻によって知的成長を遂げたといってよかった。一九四四年、放浪の旅のあと餓死した。

金子光晴の大阪

父と子が二人で
一枚の猿又《さるまた》しかもってゐないので
かはり番こにはいて外出する。
この貧乏は、東洋風だ。

父が死んだので、子は
前よりもゆたかになった。
二人で一つの猿又が
一人の所有になったからだ

金子光晴の『人間の悲劇』という深刻な題名の詩集のなかから、これは「詩のかたちで書かれた一つの物語」の抜粋。十連構成のうちの一連と六連である。

この詩をはじめて読んだとき、私はビリビリ哄笑した。初版は一九五二年（昭和27）の暮れに出ていて、貧乏が大流行《はやり》の時代だったが、その貧乏そのものがみごとにはぐらかされているようにも見えたからである。もっとも私が読んだのはずっとあとで、刊行後一〇年ぐらいたってからではあった。

だが、金子光晴は大正、昭和と生きてきて、日本のもっとも苛酷な時代に立ち会いながら、このみごとなはぐらかしを意識化しえた、ほとんどただひとりの詩人だったのではないだろうか。

その彼が一九二八年（昭和3）の九月から師走にかけて、大阪新戎橋のたもとの初勢旅館に投宿、ごろごろしたことがあった。関東大震災の直前に出た詩集『こがね虫』によって刮目され、それが縁にもなって森三千代と結婚したのが一九二四年（大正13）、その四年後のことであった。有名な夫婦約五か年にわたる東南アジア、ヨーロッパへの旅に出た、そのしょっぱなが、何とこの大阪というわけだった。ふれこみは、金子夫妻渡欧記念文芸講演会を大阪の朝日講堂でやるということだが、この話はものの見ごとにいっぱいくわされたかたちになった。金子光晴の弟分に小説家になりそこねて三遊亭圓馬の弟子分になり、圓馬の世話で松島遊廓の楼主の娘の入婿になった正岡容という漫談師がいて、彼の世話でこの旅館にこもり、しかし講演会の日取りを待つ日々を送ったのである。

時代は大衆のモダニズムという時代に入っていた。モボ、モガが流行り、断髪洋装の少女が銀座をかっ歩し、ジャズ調歌曲やレヴュー小屋が人気を集めていた。「モダニズムは、ブルジョアとプロレタリアのあいだにはさまって、将来に希望のもてなくなった中間層の生活哲学、消費生活の指導原理で、この階級特有のニヒリズムに根ざしている」とは、当時、大宅壮一の批評であるが、今みても、よくいいあてているようにも思える。

だが、そんな東京の暮らしに慣れた金子光晴の目に、大阪はどううつったろうか。

何十人もの女給を居並ばせて、絢爛を競う美人座、赤玉などというカッフェが、折りしも全盛期に入っていた。バンドが「赤い灯、青い灯」を演奏していた。振袖に、胸高帯のいずれも大柄な、うんこの太そうな女たちが踊っていた。それが銀座に進出するのは、二、三年のちのことである。

町の喫茶店には、小部屋に鍵がかかるようになったプライベートの部屋があった。旅館の女たちにも、金子がひとりでいるとき床を敷きにきて、いきなり金子にしがみついて抱きころばそうとするものもあった。風呂に入ろうとすると、女中の背中をいっしょに入っている番頭が流していて、みられていても気にもとめなかった。遊女ややとなの手をひいて、小商店の旦那らしいのが、放楽の抜け遊びをするのもたくさん見かけた。そして、大阪万歳専門の小屋がなん軒もでき、元祖の砂川捨丸と中村種春が人気を拍していた。

これらは金子光晴の点描である。そして、その前後にこう書きとめる。

とりすました東京にくらべて、大阪全体が市場《マーケット》であり、売った買ったのあけくれと同時に、商売のうさはらしの享楽的方面も、いつも東京より先んじて発達していた　（『どくろ杯』）

金子の点描は具体的にまだまだつづいているが、誌面の都合上省く。それより、もうひと言だけ耳を傾けてもらいたい。先の正岡の家を曽根崎の近くにたずねたときの印象である。

東京にはもはや、そのような夜のくらさはなくなってしまったが、大阪では、一つ盛り場を外れると、泥のようなくらさがあり、縦横の堀にかけた木橋や、低い家のつくりの二階の千本格子から洩れる、どんよりと赤い障子あかりなど、明治より遥かに遡《さかのぼ》ったむかしの陰暗がそのままつづいて、滅入るようなふかさのなかに、人のこころを吸いとろうとする

それもまたとりすました東京にはない顔であった。

人物プロフィール

かねこ・みつはる（一八九五～一九七五）
愛知県生まれ。詩人。一九二三年詩集『こがね虫』でデビュー。のち森三千代と結婚。その直後に刊行した『水の流浪』から流浪、倦怠、虚無を基調にした金子光晴の世界は確立された。一貫して反俗の姿勢をくずさず、戦時中に出した『鮫』などでも、暗喩の力で検閲をくぐり抜けるなど、きびしい反骨ぶりをしめしている。

漱石、堺の街で

漱石は、一九一一年（明治44）の夏、大阪朝日新聞の依頼で講演旅行に立ち、明石、和歌山をめぐったあと、堺高女の講堂で「中味と形式」と題する講演を行っている。その冒頭で、それより以前の堺体験を語っており、そのことから書いておきたい。

私は先年堺へ来たことがあります。是は余程前私が書生時代の事で、明治二十何年になりますが、何でも余程久しい事のやうに記録して居ります。……今考へると殆ど其時に見た堺の記憶と云ふものはありませんが、何でも妙国寺と云ふお寺へ行って蘇鉄を探したやうに覚えて居ります。それから其御寺の傍に小刀や包丁を買る店があって記念のため一寸した刃物を其所で求めたやうにも覚えています。夫から海岸へ行ったら大きな料理屋があったやうにも記憶しています。其料理店の名はたしか一力とか云ひました

明治二十何年とは二十五年のことであり、漱石二十五歳、帝国大学文科の学生であった。手元

の略年譜には、「夏、退学した子規とともに京都、堺に遊び、単身岡山に行って洪水に遭う。子規のあとを追って松山に赴き、高浜虚子と知った」と記されている。子規と漱石は同期生であり、正確には子規は七月に学年試験に失敗しており、中途退学を決意しての帰郷の途中であった。ちなみに漱石と子規の交友がはじまったのは三年前の一九八九年（明治22）一月のことであった。

妙国寺の蘇鉄というのは、めずらしがった織田信長が強引に安土城へ移植させたところ、夜鳴きをして信長を怖がらせて返還させたという曰くつきの挿話をもった植物のことである。また枯木寸前に開祖日珖上人に夢で訴え、そのとおり根っこに鉄屑を入れたら蘇生し、そこから「蘇鉄」と名づけられたともいわれる。同時にここは、森鷗外の歴史小説『堺事件』によっても、広く知られるようになったが、これは時代がさがって大正に入ってからのこと。もっともだからといって子規や漱石が知らなかったということではない。

だが、「一力」のほうは、ちょっと事情がちがうようだ。これは「梅田の停車場を下りるや否や自分は母から云ひ付けられた通り、すぐ俥を雇って岡田の家に馳せさせた」にはじまる『行人』の、ごくはじめに出てくる浜寺の大きな料理屋のことで、一九〇九年（明治42）十月十五日の日記に

（長谷川）如是閑濱寺へ向かうといふ。行く。大きな松の濱があって、一力の支店と云ふ馬鹿に大きな家がある。そこで飯を食ふ。マヅイ者《ママ》を食はせる。其代り色々出して三圓何某とかいふ

安い勘定なり

と記された店のことである。さり気ないが、大阪の食文化にたいするなかなか辛辣な目が光っている。

さて、堺高女における講演だが、今、読み返して、あらためて漱石を通して時代というものの気質にふれる思いがする。

漱石はここで、内容と形式の相関をめぐって、形式は内容のための形式であって、形式のために内容ができるのではないかということを繰り返し言及している。専門的な芸術ないしは表現論のようにも聞こえるがそうではない。たとえば、つぎのような発言はどうだろう。

現今日本の社会状態と云ふものは何うかと考へて見ると目下非常な勢ひで変化しつつある。それに伴れて我々の内面生活と云ふものも亦、刻々と非常な勢ひで変わりつつある。瞬時の休息なく運転しつつ進んで居る。だから今日の社会状態と、二十年前、三十年前の社会状態とは、大変趣きが違っている。既に内面生活が違っているとすれば、それを統一する形式と云ふものも、自然にズレて来なければならない

それを統一する形式といういいまわしのなかに国家（国家権力）がふくまれていることは、全文

を読めばすぐわかる。漱石は積極的に、時代に立ち向かう一人ひとりの主体的意志をかん養しようと目論んだようである。

話の前段で、漱石は、駅から会場にくるまでの堺の印象について、細い往来がヒッソリして非常に静かで昼寝でもしているように見えたと語った。だが暑い真夏の講堂いっぱいに聴衆が集まったことは、逆に大いに感激させたようであった。格調だけではなくなかなか激した講演のようにも私には思える。

会場になった堺高女は当時堺市立堺高等女学校のこと。前身は与謝野晶子を生んだ堺女学校、後身は府立に移管されて、今の泉陽高校のことである。

この時期、漱石は胃潰瘍を病んでおり、亡くなるのはそれからわずか五年後のことであった。

人物プロフィール

なつめ・そうせき（一八六七〜一九一六）

東京生まれ。英文学者で小説家。本名・夏目金之助。東大卒。イギリス留学から帰国後、東大講師を経て朝日新聞社に入社した。「吾輩は猫である」「倫敦塔」で文壇の地位を確立。日本近代を通じて、もっとも広く知られている作家のひとりといってよいだろう。「坊ちゃん」「草枕」「三四郎」「心」「明暗」など、馴染みの作品も多い。

メレル・ヴォーリズの結婚

明治大正から昭和初期にかけて建てられた名建築が、今、つぎつぎと姿を消していくなかで、今回は明治の末期から昭和にかけて、琵琶湖畔の近江八幡を拠点に、キリスト教の伝道と近代建築に大きな足跡を残したメレル・ヴォーリズのことについて書いておきたい。「メレル・ヴォールズは、ヤンキーのヤンキーである。日本にきても少しもヤンキー味が抜けてをらない。もし日本人が米国人の米国人をみたいと思へば、メレル・ヴォールズを見るのが一番よい」（吉田悦蔵著『近江の兄弟』序文）と賀川豊彦が評した、同志社大学の致道館や関西学院原田学舎等の設計で名高い、ウイリアム・メレル・ヴォーリズのことである。

ヴォーリズがはじめて日本にやってきたのは一九〇五年（明治38）、彼が二五歳のときだった。当時、英語の外人教師を求めていた滋賀県立商業高校（八幡商業高校）に職を得たからである。だが二年後には、彼自身が設計したコロニアルスタイルのキリスト教青年会館に拠った伝導活動がたたって解雇されてしまう。

だが、結果的にはそれが今日のヴォーリズ像をつくりあげたといってよかった。生活基盤を失ったヴォーリズがここで考えていたのが、多少は腕におぼえのある建築設計監督だったからである。というのは、彼は当初は建築家になろうと決心しコロラド大学に在学中、伝導隊学生志願を志し、いったん建築を断念していたからであった。よほど追いつめられねば、その気にはなれなかったろう。だが、彼は自叙伝でこうのべている。

近江兄弟社という設計図と仕様書は、宇宙の創造主、本来の大建築家たる神ご自身によって、早くも明治三五年から明治三七年の間に作られていた。その期間に、神は私を製図者としてお用いになって、その設計図を書かせ、これを私の良心の奥深く青写真にとっておかれたのである

賢くて快活で一生懸命で発明的、そしてやんちゃで苦難を平気で切り抜けていく、と、賀川豊彦はヤンキーのヤンキーたるゆえんをのべているが、まさに面目躍如としている。神のしもべであるというより、神が自分を選んでいると、ヴォーリズは考えているからである。

いずれにせよ、こうしてヴォーリズの建築活動ははじまった。アメリカ建築をオリジンとする洋風建築が、日本の各地につぎつぎと建設されはじめたのである。大阪でも大正期オフィスビルの名建築と謳われた大同生命ビル、今も残る心斎橋大丸店、日本基督教団大阪教会、大阪YMCA会館が建てられた。大阪教会は中之島公会堂とともに大正期の代表的な赤レンガ建築。一六メ

ートルほどの大きな切妻式の屋根の形をした壁がすばらしい。

さて、このヴォーリズが、一柳末徳《すえのり》子爵の三女満喜子と結ばれたのは一九一九年（大正8）六月のことであった。それに先立つふたりのなれそめが、当時大阪曽根崎にあった廣岡恵三邸であった。廣岡家は加島屋の屋号で江戸期からずっと土佐堀の肥後橋たもとに店を構えた商家であり、この頃は大同生命保険、加島銀行などを経営していた。たまたま満喜子の三番目の兄が恵三で、廣岡家に婿養子に入り、満喜子は娘時代をここで過ごしていたのである。

ヴォーリズは、自分が廣岡邸をしばしば訪れるようになったのは、この廣岡邸から、米国風の近代住宅の建築設計を依頼されたからだと回想している。そこへ長いあいだアメリカへ行っていた妹の満喜子が帰ってきて、相談にくわわることになった。


これまでは主人と奥様との間に、何か意見の相違のある場合には、いつも私が調停役をつとめねばならなかった。それが、こんどは妹の彼女の仕事に、おきかえられるようになった。不思議なことに、彼女の調停案は、私の言いたいと思っていることと一致した。主人夫婦も、妹の忠告を静かに受け入れていた。いつか、私の心に夜明けの光がさしはじめた

このあたり、ヴォーリズの回想は、大正期の閉鎖的な上層階級の雰囲気をよく伝えている。女性たちはなかなか自分の意見をよく言っているようである。そして妻満喜子についてはこうも書

きとめた。

満喜子は家庭の召使を廃止した最初の女であった。自分でしたくないことを他人にさせることは、反対なのである

粋ないいヤンキーぶりではないか。よい伴侶にめぐり会えたものだ。

人物プロフィール

ヴォーリズ（一八八〇〜一九六四）

アメリカ・カンザス州生まれの宣教師、建築家。一九〇五年英語教師として来日。一九〇七年キリスト教団近江ミッション（後に近江兄弟社と改称）を設立し、伝道活動とともに建築設計、薬品メンソレータムの販売などを始める。一九四一年、一柳米来留（ひとつやなぎめれる）と改名して日本に帰化。

東洋のジャンヌ・ダーク、景山英子

明治の自由民権運動の最後を彩った「朝鮮改革の陰謀」事件として知られる「大阪事件」が発覚したのは、一九八五年（明治18）秋のことであった。

当時、韓国では、保守派の事大党が清国の支援を受けて政権を握っていたが、改革派である朝鮮独立党の金玉均らが、日本の援助を受けて、政権の奪守と内政改革をめざして活動していた。日本では当初、後藤象二郎、福沢諭吉らが独立党を支援、ついで明治政府が一九八四年（明治17）、独立党を支援してクーデターをおこさせたが、これは失敗した。この時運に生じ、自由党左派の指導者大井憲太郎らが、韓国に渡り、独立党を支援しつつ、わが国の自由民権運動と韓国の内政改革運動を結合、ひっ息状態の民権運動をもよみがえらせようと意図したのである。

この事件は、今日から見れば、政府の排外主義の挑発にのせられた、国内の変革エネルギーを外にそらし、結果として朝鮮半島に対する日本政府の侵略政策の露払いをさせられたことになるが、このなかに、当時二〇歳だった景山英子がいた。

英子は一八六五年（慶応1）岡山生まれ。あとは一九〇四年（明治37）に出版した自叙伝『妾の半生涯』によって、なるべく英子自身の肉声に耳をかたむけながら、この大阪とのかかわりを探っていきたい。

妾《せふ》は八、九歳の時、屋敷内にて怜悧《れいり》なる娘と誉《ほ》めそやされ、学校の先生達には、活発なる無邪気なる子と可愛がられ、十一、二歳の時には、県令学務委員等の臨める試験場にて、特に撰抜せられて十八史略や、日本外史の講義をなし、これを無上の光栄と喜びつつ、世に妾ほど怜悧なる者あるまじなど、心ひそかに郷党《きょうとう》に誇りたりき

英子は、こうこの自伝を書きはじめている。そこには福沢諭吉の『西洋事情』などを愛読する、新しい思想の持ち主であった母の影響があった。

一六歳のとき、『ジャンヌダーク伝』を飜した小林樟雄の民権論に出会い、大いに心ゆすぶられのち婚約する。同じ年、岸田俊子の演説を聴いたことは、彼女の生涯にとって決定的なものとなった。上京。小林樟雄の誘いで大阪事件の同志となる。逮捕されたのは、爆裂弾の運び役をつとめたからであった。だが、自伝に書きつけられた事件の内幕は峻厳であり、一行の妥協も許していない。

爆発物を持ち、大阪の安藤久次郎という同志の家に着き、さらに八軒屋という宿屋でひたすら渡韓の日を待っていると、ようやく連絡が入る。駆けつけると、小林もふくめて男たちは妓に酌

をさせて酒宴の最中であった。

痴呆の振舞、目にするだに汚はし、アア日頃頼みをかけし人々さえかくの如し、他の血気の壮士等が、遊廓通いの外に余念なきこそ道理なれ、さりとては嘆かわしさの極みなるかなだが、長崎で捕われ、大阪中の島未決監獄に護送されて経験したものは、

国事犯を以て遇せられ、其待遇長崎の厳酷なりし此に非ず

という生活であった。英子は結局、この中の島で一年有余を過ごすが、その間を女監の頭領となって、初犯者、未成年者に読み書きを教えるなどして暮らす。

裁判は一八八七年（明治20）五月二五日から、大阪臨時裁判所でひらかれた。紅一点の英子は、東洋のジャンヌダークとして大へんな人気を集めた。被告人大井憲太郎以下六十数名、「自由」の二字をそめぬいた奉書つむぎのそろいの黒羽織で出廷。英子への訊問は第四回公判でおこなわれている。時に大阪控訴院長は、のち大津事件で死を賭して司法権の独立を守った児島惟謙であった。彼は爆発物取締規則という法律をつくって被告らを裁こうとする政府の試みを排し、おかげで英子も外患罪（外国に通謀してわが国にたいし武力を行使するに至らせることによって成立する罪）のみ

の処罰で重刑をまぬがれることができた。

一八八九年（明治22）二月、帝国憲法発布の大赦で出獄。津市の監獄から大阪梅田停車場《うめだステーション》に帰ってくると「万歳の声天地も震ふばかり」であり、中江兆民、植木枝盛等の熱い出迎えを受けた。英子はのち、日露戦争時には非戦論を唱えて、幸徳秋水や堺利彦等の平民新聞発行に努力し、明治から大正にかけては「新紀元」「世界婦人」「青鞜」等、婦人解放運動にも積極的に参加する。

ちなみに英子が出獄した頃の大阪駅はまだ、かつての中央郵便局のところに東口があり、出入橋のところに西口があったようだ。大阪市内へはここから堂島に出た。

人物プロフィール

かげやま・ひでこ（一八六七〜一九二七）
岡山県生まれ。社会運動家。本名・景山英。岸田俊子らと自由民権運動に活躍。自由党左派として大阪事件に連座、入獄。出獄後女学校を経営。女権拡張につとめ、社会主義運動に入った。自伝に『妾の半生涯』がある。

百閒先生の大阪驛

内田百閒。大正、昭和の随筆家で小説家、百鬼園とも号す。琴、俳句にしたしみ、東大独文科を卒業後は陸軍士官学校、横須賀海軍機関学校、法政大学などでドイツ語を教えた。夏目漱石の門に入り、漱石の『夢十夜』に見られる幻想性と『吾輩は猫である』のユーモアを組み合わせたような作品と、深い人間諦観からくる飄逸な文体をもつ随筆をたくさん書いた。また「漱石全集」編纂にあたり、「漱石全集校正文法」を作製した。

と、型通りに書けばこんなふうになる。だが実際に書いたものを読んでみると、このような紹介の醸しだす固苦しい雰囲気はまたたくまにふっ飛んでしまう。たとえば戦時中に書かれた『餓鬼道肴蔬目録《がきどうこうそ》』はつぎのような註からはじまっている。

昭和十九年ノ夏初メ段段食ベルモノガ無クナッタノデセメテ記憶ノ中カラウマイ物食ベタイ物ノ名前ダケデモ探シ出シテ見ヨウト思イツイテコノ目録ヲ作ッタ昭和十九年六月一日昼日本郵船ノ自室ニテ記

そして本文は、

いいだこ
べか
白魚ゆがし
蟹ノ卵ノ酢の物
いかノちち
いなノうす
寒雀だんご

と、ただ延々と列記するだけ。むろん説明もない。だが、読んでいくと、だんだん生の根っこにふれているような不思議な感動に誘われていくから不思議である。諧謔が不敵な面がまえになってはねかえってくる。

さて、この百閒が一九五一年（昭和26）一月「小説新潮」に発表した作品に『特別阿房列車』がある。特急「はと」号による大阪行体験記であるが、これがまた「用事がなければどこへも行ってはいけないと云うわけはない。なんにも用事がないけれど、汽車に乗って大阪へ行って来ようと思う」にはじまる、人を食ったような話である。そして一等車に乗るとか、三等や二等に乗りたくないとか、自問自答風の話になり、着いたところで用事はないから、お午十二時《ひる》三十分の特急に乗って晩の八時半に大阪に着き、三十分後の九時に大阪を出る第十四列車銀河の一等寝台で帰ってこようという結論に達する。

結論はともかく、年来の入魂《じっこん》にヒマラヤ山系と呼ぶ国鉄の職員がいて、結局は二人で出かける。ステップの前には靴拭きのマットが敷いてある一等車に乗り、手配のおやじのボイの出迎えを受ける。汽笛一声新橋よろしく旅をつづけ、ビールを二、三本飲んだら曖昧に大阪に着いた。ここからが大阪駅の描写になる。

歩廊へ降りて歩いたが、大阪駅はいくらか柔らかい様で、ふにゃ、ふにゃしていて、足許の混凝土《コンクリート》がふくれている。山系がいやにしゃんしゃん出して、これから駅長室へ行くからついて来いと云った。それとも、そこいらで待っているかと駄目を押す。輪郭のはっきりしない、何となくわんわん吠えている様な大阪駅の中に突っ立って、一人で待っているのはいやだから一緒に行った。

何とも得体の知れない大阪駅が待ちかまえていたことになる。あるいは百閒先生のほうが多少ビールに酔っていたのかも知れないし、急に押しよせてきた大阪弁にとまどいを感じたのかも知れない。

しかし、山系氏は国鉄ではえらい人だったのだろう。当番の助役の紹介で、江戸堀で、空襲で焼け残った中三階の、何となく煤けた宿屋に泊まる。朝起きて見ると、縁側の障子も煤けていた。障子の外の縁側の両隅には、防空演習の遮蔽幕がぶらさがったままになっていた。なかなかの老舗だったようである。戦後、人びとがこの先どう生きるか、途方にくれていた時代のようすがよくわかる。

同じ十二時半発車の特急「はと」で帰ることになった。だが、席だけは二等になった。専務車掌も一等車のボイも同じで、昔の人力車でいえば帰り車だが、二等車のボイは清楚で活潑で救世軍の女下士官のような感じの女性だった。

それにしても、輪郭のはっきりしない、何となくわんわん吠えているような大阪駅とは、それこそ何となくいいあてられている気はしないだろうか。ぞくっと背中をきびしいものが駆け抜ける。

人物プロフィール

うちだ・ひゃくけん（一八八九〜一九七一）

岡山市生まれ。小説家・随筆家。本名・内田栄造。夏目漱石の門下。代表作は、一九三三年刊行の『百鬼園随筆』。深い人間諦観の奥からくる瓢逸な文体で一躍文壇に知られるようになった。『阿房列車』は戦後の代表作。どこか人をくった風刺、ユーモアに満ちた作風には、時代がどのように変わっても捨てがたい味がある。

十軒路地の宇野浩二

大阪人ではないのに、大阪や大阪弁と切っても切れない作家に宇野浩二がいる。『藏の中』が出たとき、いち早く大阪落語の感じがあるといったのは菊池寛だが、私などは昔はじめて読んだ文学史のなかで、井原西鶴の『世間胸算用』や『日本永代藏』の影響というより模倣を指摘することができると説いた臼井吉見の意見などは、永く忘れられぬものとなった。十軒路地と西鶴、これが宇野浩二の文学の源流になるといっていたと思う。

十軒路地とは当時の宗右衛門町一番地の通称である。通りからまがった路地で、小説の『十軒路地』のなかには南北に通る路地の入口に門があり、門を入ると一間幅の敲の道であって五軒づつ二階建ての家が向き合っていたと書かれている。さらに『遠方の思出』のなかから住人たちの模様を書き写しておきたい。

西側――一、「幕の内」（老婆一人ぐらしの素人秘密待合）。二、「井原」（女ばかりの家、芸妓三、四人と娼妓二、三人の置き屋、主人は素人相場師）。三、「平岡」（私の伯父の家。伯父は船場に店を持ってゐたので殆ど家にゐない、祖母と私の二人切りの時が多かったので、ときどき二階貸しをした）。四、「高野」（博奕うち、芸妓三、四人と娼妓二、三人の置き屋）。五、「寺尾」（姉妹二人の芸妓の屋形。姉に男の子が、妹に女の子があった）。

東側――一、「小林」（中老の勤人と年上の細君の二人ぐらし）。二、「寺尾」（西側五軒目の寺尾の姉芸妓の妹、元京都の芸妓、滅多に来ない或る製菓会社重役の妾、綺麗好き）。三、「山木」（老主人は千三《せんみつ》屋、度を越した潔癖。娘三人は芸妓、男の子の一人は要塞砲兵勤務中、他の一人は嘗て吉野艦乗組の海軍水兵、行方不明、実は狂死娘。後の一人は私より一歳下の非常に出来の悪い小学生、後に、珈琲党となって成功し、多額納税者になった）。四、「坂田」（髪師、妻妾同棲してゐた、妻に女の子、妾に男の子があった）。五、「押川」（元力士、博奕好きで、高野としじゅう往来してゐた。娘は義太夫専門の芸妓）。

宇野浩二は生まれは福岡市。しかし両親は大阪の出身で、三歳の時父が脳溢血で亡くなったため、父方の親戚をたよって四歳から大阪に住んだ。うちこの十軒路地に住んだのは十歳から十八歳までの九年間である。母の兄の家で、祖母に浩二を預けると、この母は七つ年上の知恵おくれの浩二の兄を連れて、大和高田の料理屋で三味線を教えていた。

陸軍偕行社尋常高等小学校（追手門学院小学部）に入学。これは陸軍ふうの制服制帽をかぶるブルジョア学校だったといわれる。十軒路地に引っ越しすると、通学するのに遠すぎるということで、近くの育英高等小学校に転校した。一級上に保高徳藏がおり、さらに天王寺中学に入学すると、終生親交を保つことになる画家の鍋井克之が一級上に、上級には伊庭孝、折口信夫らがいた。

と、これを少年時代の知的環境とするると、なるほど宇野浩二が書きとめたとおりとすれば、十軒路地の風景は異様な情操的環境だったといいえよう。水上勉は『宇野浩二伝』で「いわば人生の裏街道を行く感がある」と書いているが、そこに擦れ合うように青春前期を過ごすことで、人生の複雑な表裏をも見てしまったのである。

後期の代表作のひとつに『枯木のある風景』がある。一九三一年（昭和6）に亡くなった画家小出楢重の晩年を鍋井克之からきいて、そこに自分をだぶらせて書きあげた短篇だが、そのなかに大阪語についてのべたつぎのようなくだりがある。

僕は昔からかなり毛ぎらひしたもんで、美校にゐた時分なども、かなり友人たちを毛ぎらひしたもんで、殊に自分が大阪もんだけに、大阪人を非常に嫌がったもんや。東京から夏休みに帰る時など、汽車が逢阪山のトンネルを西へ抜けると、ぱっと世界があかるくなるのは愉快やが、わっと大阪弁が急に耳に押し寄せてくるのんが何よりもむっとする。考へてみると、それは自分が大阪のまん中で生まれた生粋の大阪人であるので、尚更にがにがしい気がするんかと思ふ

その裏側で、宇野浩二がベースにしたものは、まぎれもなく大阪のまん中で生まれた生粋の大

阪人のもつ人情や機微であった。それだけに、作中のこの大阪人のもつ大阪嫌悪感には妙に生まなましいリアリティがある。

宇野浩二が大阪を離れるのは十八歳の秋、脚気《かっけ》が重くなって母の近くに移り住んだからであった。翌年、早稲田大学の予科に入学する。

人物プロフィール

うの・こうじ（一八九一〜一九六一）

福岡市生まれ。小説家。本名・宇野格次郎。出世作は、一九一九年に発表した『蔵の中』。以後、『子を貸し屋』『高天ヶ原』などの作品をつぎつぎ発表する。原稿をふとんのなかで書いたなど話題も多い。饒舌体といわれる「夢見るような歌うような」口調で、苦しい現実の生活をユーモラスに描き、自然主義の強かった時代に新風を吹きこんだ。

箒売りをした松本清張

岸和田市の図書館には、もう長くやってる詩の講座があって、あるときそこの仲間から、「終戦直後のある時期、松本清張がこの岸和田に来たらしいですよ」という話を聞いた。それが縁で郷土史家のDさんに会い、いろいろ教えてもらったが、なるほど、『半生の記』という自伝風随筆集のなかで、清張自身語っている。

それによると、朝日新聞西部本社で長く図書係をしていた清張は、一九四三年（昭和18）六月二度目の召集を受け、福岡の連隊から朝鮮に派遣される。生き延びて帰還するが、もどった新聞社ではタブロイド判一枚きりの新聞を出すだけで、広告といっても活字ばかり、カットや書き文字の仕事などまるでなかった。

今ごろ出て来てもしょむないさかい、もう少し休んでんか

と、先輩にいわれる始末。

そんな矢先、家族の疎開先である佐賀に帰った際、川沿いの路を歩いて橋の袂まで来たとき、十軒ばかり並んだ農家を見ると、どの家でも藁箒を編んでいる。手箒で、座敷のなかに堆《うずたか》く積まれている。ふと、小倉で新しい借家を見つけた折、掃除をしようと思い町に出たが、どこにも箒を売ってなかったことを思い出した。そこで、サンプル用に二つ買い求め、小倉の商人に売ることを思いつく。

ある日の昼休み、とある荒物店に交渉に行く。買値に二割ぐらい掛けていうと、主人は二つ返事で、相手がどんな人間かと問うこともなく承諾してくれた。戦争直後は猛烈なモノ不足で、とにかくモノであれば何でも売れた時代であった。おかげで清張はまんまと箒商人に早変わりしたのである。

私は箒の商売をはじめた。

二十一年の夏には三男が生まれたので、家族数は八人にふくれ上った。飢餓とインフレの昂進のさなかで新聞社の給料だけではとうてい足りなかった。質屋に持ってゆく物もなかった。米や薯《いも》と交換するのに農家がよろこぶような衣類もなかった。家族は、長い疎開生活で売れそうなものはみんな売っていた

と、『半生の記』に清張は書きつけている。

日曜日を利用して、小倉市内だけでなく、門司や八幡の小売店を訪ねると、どこでも品不足で注文は労せずして取れた。やがて広島まで足をのばすようになる。そのころ新聞社では買い出し休暇というのを認めていて、週に二日ぐらいは休んでもいいことになっていたというから、何とも奇妙な時代でもあった。ついでながら広島は清張にとって母の郷里である。だが箒売りの最中には志和町別府の生まれ在所には行っていない。

さて、大阪まで足を伸ばすようになったのは、さらにその後である。

午後の六時ごろ小倉から汽車に乗ると、朝七時頃に大阪に着いた。すぐ天王寺の店に行き、京都をまわって夜汽車に乗った。朝五時広島着。

品物さえあればいくらでも取ってくれるし、金は現金で支払ってくれる。だから商売の話は運がよければ一軒に二十分もいれば足りた。あとではそうもゆかなくなるのだが、まだその頃はやりやすかった。大阪、京都と回ってもまだ時間があまるくらいだったやがて大津まで足を伸ばし、見本の箒を突っこんだリュックサック姿で方々を見物するようになる。

六甲山の迫る神戸、京都の北にもりあがる比叡山、比良の聳える大津、こんもりとした森のと、ここでようやく岸和田市が出てくる。その他泉州堺にも行っている。城址近くとあるがどこのことだろうか。

仕入れは例の農家のうちの三軒だったが、針金を調達しようとしてだまされたり、北九州には竹が少ないために、大分県の豊後高田市あたりまで出かけねばならなかった。ついでに摩崖仏群を見に行ったりしているのはさすがである。結果的にはのち小説の材料となるべき見聞を、うんと広めていたということになる。

一九四八年（昭和23）に入ると、ようやく世間も落着きをとりもどし、貧弱な藁箒の時代は終わりを告げた。貯金としては何も残らず、不渡手形の分だけ損になったが、ともあれ、戦後の一ばんきびしい時期、七人の家族を守り過せたのはこの箒のおかげであった。

清張が小説を書きはじめるのは、そののちである。『西郷札』が「週刊朝日」の懸賞小説の三等に入り、これがスタートとなった。

人物プロフィール

まつもと・せいちょう（一九〇九～一九九二）

福岡県小倉市（現・北九州市小倉北区）生まれ。給仕、印刷工など種々の職を経て朝日新聞西部本社に入社。四一歳で懸賞小説に応募、入選した『西郷札』が直木賞候補となり、一九五三年（昭和28）、『或る「小倉日記」伝』で芥川賞受賞。五八年の『点と線』は推理小説界に〝社会派〟の新風を生む。生涯を通じて旺盛な創作活動を展開し、その守備範囲は古代から現代まで多岐に亘った。（新潮文庫より）

北大路魯山人

魯山人といえば、大正期から昭和期にかけて、料理、陶芸、書画、篆刻《てんこく》からその経営にいたるまで、徹底して上流社会にあって一流志向を目指した、特異なエネルギーを発揮した人として知られる。だが、その光芒に満ちたはずの生涯は、一面ではその光芒をたえず侵蝕する、深い暗部をも同時に合わせ持った人のようでもあった。

この一見悪魔的にさえみえる謎に満ちた生涯に、長年にわたって接近し、人間学ともいえる興味深い視点から、みごとに裸型の魯山人を明らかにしたのが、今私の手元にある白崎秀雄の名著『新版北大路魯山人』である。白崎秀雄はそのあとがきにこう書きしるす。

このやうな経過を通じて、わたしは一つの認識に到達した。すなわち魯山人は近代の日本に於て、世界の天才に比肩できるおそらくただ一人の天才だったといふことである。ここに天才とは、一種悪魔的なまでの集中力を奔騰させ、人を蠱惑《こわく》して放たぬ多数の傑作を生み出し得た、能力を指すここで、このやうな経過とは、一九七一年（昭和46）公刊の最初の『北大路魯山人』から、この一九八五年（昭和60）刊の新版にいたるまでの、いわば再調査再取材から書きなおしにいたる経緯を指している。何が白崎秀雄をここまで突き動かせたか、そこは直接この本を読んでもらうしかないが、私自身はこの著を通じてみた魯山人像に、凄まじいまでの物欲と名誉欲それに強食弱肉の征服欲をくわえた、資本主義的我執の極北をみたのはたしかであった。つぎに掲げるのは、この本の目次の第四章第五章の小見出しの全部である。

人は虫けら、にせ帝王、姦通コムプレックス、女パトロン、四人目の妻、肥えた餌食、いくさは他事、片羽の鳥、獅子と豹、血染め井戸、土の神火の神、もはらこの道、病める獣

ごくふつうの眼差しでこの目次を眺めて、人びとはどんな内容を想定するだろうか。ひとつ、なぜ今、魯山人かと問うたときの、白崎秀雄自身のつぎの発言に注目してもよい。

わたしは魯山人ときいただけで、たとへばハイエナと鴉と海蛇が交尾して生れた、悪臭紛々たる怪獣に出遭ったやうな、アレルギィを起すに至った

先のこのやうな経過とは、この悪臭紛々たる怪獣に出遭ったようなアレルギィから、世界の天才に比肩できるおそらくただ一人の天才だったという認識への回路であったといってもよいだろう。その間、下敷きにされ、踏みつぶされた女達の呻き声だけでも、白崎秀雄自身もまたのたうったはずである。

さて、その魯山人が、政財界の貴顕紳士を会員とする東京随一といわれた料亭星岡茶寮の関西版、いわゆる大阪星岡茶寮を、阪急沿線曽根駅前に開業したのは一九三五年（昭和10）十一月のことであった。大阪西区靱の肥料問屋志方《しかた》清七の別荘を転用したもので、四千坪（約一三二〇〇平方メートル）の広大な敷地に、六百坪（約一九八〇平方メートル）の建家があって、大小三十余りの部屋があったといわれる。開店に先立って、十月四日から三日間にわたって、特別出資会員とその家族、ジャーナリスト、会費年額十円の普通会員まで二千人を招待している。庭園に準備した模擬店は、すべて大阪の競争できない東京の名舗ばかりを出張させ、そのあいだを大阪南北地の美妓がとりもった。招待客は庭園や寮内の各室を案内されて、おびただしい陶磁器から調度品、造作の粋をこらした豪華さに驚嘆した。小林一三、池戸宗三郎、徳川家達、反町茂作、内貴清兵衛ら、当時財界の有力な人たちの多くが招待客に名を連らねている。

ついでながら、魯山人と大阪との関係で今一点のべておくと、同じ時期、魯山人が最初の妻タミに生ませた子どもである櫻一も、内貴清兵衛の後援をえて、大阪高島屋で陶芸展を開いている。そのあと一九三六年（昭和11）二月には、心斎橋の畳屋町四十三番地のあたりに、「北大路」という料理屋を開いている。開店に資金を出したのは、タミの妹の夫で、西区堀江の金物問屋田島藤三郎であったという。つまり魯山人は、かつて強姦同然のようにして妻にしたタミにも、タミに産ませた自分の子にも、まともな扶養すらしなかったのである。

今、曽根駅前に当時の面影はない。このあたり一帯は、もともとは第一次世界大戦のちの好景気の時代に、比較的上層階級を相手の住宅地経営で拓かれたらしいが、今はごくありふれた市街地といったほうがよいだろう。私自身、そのほうがほっとする。

虚像が虚像のままでまかりとおる時代に、白崎秀雄のこの一冊は不思議な魔力がある。人間にたいするかぎりない洞察の書として、一読をおすすめしたい。

人物プロフィール

きたおおじ・ろさんじん（一八八三〜一九五九）

大正九年福井市に生まれる。主な著書に『もう一つの生』『真贋』（日本エッセイストクラブ賞受賞）『千代鶴是秀』『尾形光琳』『鈍翁・益田孝』等。

孤独な少年期を包んだ椎名麟三の大阪

三月二八日は戦後の日本を代表する作家のひとりである椎名麟三の命日にあたる。この日、彼の出身地である姫路市では、「自由忌」と名づけたささやかな偲ぶ会が開かれ、私が話し手ということでひょこひょこ出かけたこともあった。その日はひどいどしゃぶりで、「弱虫の文学」という題で一時間ほど話をしたのだが、戦後から六〇年代にかけて若い世代を風靡した椎名熱も、今はすっかり冷えて、それを惜しむ気持が私には強くあって、その分忘れられぬ日となった。

椎名麟三は、一九一一年（明治44）現在の姫路市書写に生まれ、一七歳のときこれも現在の山陽電鉄の乗務員になり、まもなく非合法の共産党に入党、逮捕され二年間の獄中生活を送った。この獄中体験を契機にドストエフスキー、ニーチェ、キルケゴール、ヤスパース、ハイデッガーなどに接近、戦後、『深夜の酒宴』『永遠なる序章』などで戦後派作家の第一歩を踏み出した。

この少年時代の椎名麟三の運命は酷薄であり、それを大阪がすっぽり包んでいる。麟三（本名大坪昇）は母の里で両親が正式な婚姻関係を結ばないまま私生児として生みおとされるが、やがて嬰児を抱えたまま鉄道線路をさまよう母子像となり、保護され、大阪で警察官をする父親の許に連れ戻された。以後一五歳までは暮らしの上では無難であった。わけても九歳までは大阪で暮らしている。両親は麟三が生まれた翌年正式に婚姻による出産届けを出し、天王寺区下寺町一丁目六百七拾四番地に住んでいる。生国魂神社の鳥居から南へ、松屋町筋伝いに大蓮寺、稱念寺、浄国寺と続く、この浄国寺内にある棟割長屋であったらしい。このあたり、今は生玉公園で桜が繁り、ムクドリや野鳩が群生するところである。のち、東区本町橋詰町拾参番地、同じ松屋町筋を北へ三、四キロ、いわゆる船場地区へ引っ越しする。麟三は東糸屋町の市立大江小学校に通学した。

麟三の不幸はのち母親と姫路に帰って姫路中学生だった一五歳頃から訪れた。おきまりのとおり、当時父は米相場に失敗し、妾宅で細々と青果商をするようになり、生活費の仕送りも途絶えるようになったからである。弟との三人の家族は困窮した。意をけっして麟三は大阪の父宅を訪れる。このときのようすは自伝的な作品のひとつである『神の道化師』にくわしい。とりわけ金策に失敗したあと、自分がいまこのまま帰れば、自分が母にどんなに経済的負担になるかと考えて、家出少年を覚悟したあとは哀切である。

扇町公園の東側にあった運河沿いの父親の家を出たあと、主人公の高山準次少年は駅を背にしてぼんやりあてもなく歩き出す。ついたところは、幼いとき誰かに連れられてときどき来たことのある中之島公園であり、汽車で握り飯を食べただけの切ないほど腹をへらしているにもかかわらず、もっている一〇円あまりの金を一銭もつかうまいとして、しかも誰からも不審をいだかれることのないよう、ブランコに乗っている小学生らしい少年たちの仲間へ入り、ブランコの後押しをしてやったり、ひとり芝居をくり返す。そして夜が深くなり、人影もまばらになり、ひとり芝居にも疲れはて、土佐堀川の水際にほんやり佇んでいたときである。

突然、向う岸の灯が明りを増し、川に沿った公園の岸には、いままでどこにいたかと思われるような大勢の人が群がりはじめた。見ると赤い提灯を賑やかに飾った小舟が三艘、川上からやって来るのだった。その真中の一艘は、とくに華やかに提灯がめぐらしてあって、その灯のなかに和服姿の女の立っているのが見えた。人々は、口々に、水谷八重子や、水谷八重子や、と囁き合っていた。なかにはその女へ歓呼の声をあげるものもいた。その女は、その声の方へ会釈した。すると人々は、ますます熱狂した。『水谷!水谷!ええぞ!』

準次もまた、その人びとと同じように笑いたいと思ってしきりに笑って見せる。その夜、彼は、あたりに人のいないのを見すますと、名の知らない灌木の茂みに身をかくし、蚊にせめられながら、一晩まんじりともせずに身をひそめている。生まれてはじめて社会全体を自分の外にある何かの物のように実感し、その社会全体は、「準次にとって絶対的な権力をもっている王城のような気がしていたのである」と椎名麟三は書きつけている。

自由忌で話し手になったときの私の演題は「弱虫の文学」であった。弱虫だからこそ生きのびたという意識は、椎名麟三の生涯を強くつらぬいたはずである。

このあと、この準次少年は一枚の地図をたよりに天王寺の無料宿泊所を探し出し、果物屋の店員、出前持、見習コックと転々としながら、独学で専門学校入学者資格検定試験に合格する。『自由の彼方』は、この時期を素材にしたもうひとつの自伝である。ここでも最下層の大阪人の暮らしが生き生きと描かれている。

人物プロフィール

しいな・りんぞう（一九一一〜一九七三）

小説家。兵庫県の生まれ。暗い家庭に育ち多難な少年時代をすごした。種々の職業を転々としながら労働運動に加わり、逮捕投獄されたこともある。昭和一六年には職を退いて創作に専念し、『深夜の酒宴《しゅえん》』（昭和22）によって文壇に登場した。第二次世界大戦後のニヒリズムを分析し現代人の生の可能性をたずねた作品で、実存主義流行の風潮にのって戦後派文学の代表作家として迎えられた。自由・愛・幸福などの観念的な主題を庶民的な感覚で描いていくのが大きな特色で、『重き流れのなかに』『永遠なる序章』などの作がある。その後はキリスト教に入信、独自の文学を形成した。

戦後大阪と林芙美子

数年前（一九九〇年）、大正時代の虚無思想家で、徹底した自我主義によって生涯を貫ぬいた辻潤の、二度目の妻になった小島キヨの評伝を書いたことがあった。最初の妻は、関東大震災のどさくさにまぎれて、憲兵隊に拉致されて大杉栄と共に虐殺された「青鞜」の編集者でもあった伊藤野枝である。結果的には、この本は、小島キヨを通した辻潤論あるいは大正文化論という体裁にもなったが、そのときひとつの視点としてつぎのようなことを書きとめた。

当時は有識無産階級といわれる階層を生み出した時代であるが、それらの一角にこれら女学校を出たばかりのハタチに満たない少女たちの群があった。林芙美子の『放浪記』が、自虐と劣等感の自己体験を、かろうじて虚構力によって救済しえた作品であることはよく知られている。その賽の目の一つはずれたところにキヨもいたのだった。その意味では、この評伝はもうひとつの林芙美子、もうひとりの平林たい子の物語である　（『辻潤への愛――小島キヨの生涯』）

そんなこともあって、いろいろきなくさいゴシップも多かった林芙美子であるが、私自身は『放浪記』のなかに出てくる、まだ無名時代に友人の友谷静栄とつくった「二人」という詩のパンフレットを、詩人たちがよくたむろした南天堂に行って配るあたりが大好きである。

静栄さんと印刷屋へパンフレットを取りに行った。たった八頁だけれど、まるで果物のように新鮮で好ましかった。帰りに南天堂によって、皆に一部ずつ送る。働いてこのパンフレット長く続かせたいものだと思う。冷たいコーヒーを飲んでいる肩を叩いて、辻さんが鉢巻をゆるめながら、賛辞をあびせてくれた。『とてもいいものを出しましたね、お続けなさいよ』飄々たる辻潤の酔体に微笑を送り、私も静栄さんも幸福な気持で外へ出た。（『放浪記』）

ついでながら、文中に出てくる友谷静栄は大阪在住の詩人小野十三郎と、こののち同棲した女性であることを書きそえておこう。

『放浪記』の成功以来、作家としての名声をえた林芙美子は、その後死にいたるまでずっと人気作家の地位を保ちつづけたが、最後の作品になって大阪を舞台とした。

一九五一年（昭和26）朝日新聞朝刊連載、六月その死によって未完のまま幕を閉じることになった『めし』がそれである。

両親の反対を押し切って同棲し、そのまま結婚したサラリーマン夫婦が、五年たち、子どもが生まれないせいもあって、微妙な倦怠感につつまれている。その倦怠感を、羨望、苛立ち、嫉妬といったさまざまなかたちで顕在化させたのは、東京の実家を不意に飛び出してきた、夫とは血のつながりをもたない夫側の姪の自由奔放な行動であった、と、梗概風にのべればこんなふうになるが、私が作品としてさすがと思ったのは、姪を血のつながらない姪（兄の養女）としたことと、どこまでも主人公夫婦をも東京からの移住者として、大阪人でないものの眼差しをとおして、大阪の風景をふんだんに取り入れたことであった。

冒頭、この物語は、この姪を夫の初之輔が遊覧バスで大阪見物させるところからはじまっている。車内のことはともかく、バスガイドの案内どおりに、大阪駅前から御堂筋へ、左手にお初天神、少しいくと日本銀行、図書館、裁判所とえんえんと続く。ああこれで中之島へ入って大阪城の方へ向うのだなとわかるが、それ自体が余人の目であろう。

しかし、その結果、戦後まだ六年目の大阪の風景が、じつにきめ細かいところまで浮かびあがることになった。この時代は前年にはじまった朝鮮戦争の特需で、経済復興のテンポが急速に早められる時期にあたっていた。たしかに大阪駅前には有料便所があった。一人二十円払えば、小綺麗な待合室があり、ここで、人を待ちあわせることができるとあり、水洗便所も化粧室もさっぱりしていると書かれている。私は少年時代でむろん入ったことはないが、作中姪が就職の面談にいって四千円台のサラリーとあるから、それで割り出していくと結構高いことがわかる。

頭髪をリーゼントにして、ぱりっと肩のいかつい洋服を着て、下駄をはいたいでたちの、息子である

やがて姪のボーイフレンドになる若者を、妻の三千代がはじめて見つけたときのようすである。この吹き出したくなるような風俗も、戦後はどこにでもあった下町風景だろうが、このばあいは、林芙美子が大阪の街角で実際見かけたものといってよいだろう。

めしという言葉も、大阪の下町の看板によく見られる文字で、肉太でたくましい感じが好きだとよく言っていたようであった。『めし』は世帯もの系列に属する力作だが、倦怠感などという、日常的で起伏の不透明な感情の描きかたはさすがである。この倦怠のための舞台として大阪は似合いだったろう。だが、風景の描きかたそのものはガイド風にすぎない。取材の生地のままであるような気がする。『放浪記』のようなスタイルのなかで書いてほしかったという気もする。

人物プロフィール

はやし・ふみこ（一九〇三〜一九五一）

山口県生まれ。母、養母とともに九州各地を転々とする。苦学して尾道高女を卒業した後上京、銭湯の下足番、女給、工員などをしながら詩や童話を書く。二八年『女人芸術』に連載した「放浪記」がベストセラーとなり売れっ子に。四八年『朝日新聞』の「めし」など多数の連載を抱えたまま急死した。

小野十三郎のどしょうぼね

昨秋（一九九五年）、詩人の小野十三郎さんが亡くなった。九十三歳だった。老衰のためというが、「食べていたのにふっとやめてしまって」（三女敏子談）というような死であったというから、文字どおり燃え尽きた生であったといってよいだろう。

私はこの小野さんとは、私の二〇代前半から四〇年近く交わった。そんなわけでこの欄は、もともと大阪定住者が登場するのではなく、何らかのかたちで大阪とかかわりをもった人、擦過した人を対象にしているのだが、今回だけは趣向をかえて、番外編としてわが師小野さんに登場してもらう。

小野さんの死を報じた新聞各紙は、たいていが昭和初期のプロレタリア詩が擡頭した時代の、アナーキズム詩運動の中心メンバーであり、戦時下の時代も反骨精神を貫き、大阪の風土をうたい続けた庶民派の詩人というぐあいに、その業績を紹介した。また、詩人であったことと同時に、大阪文学学校を創立して長く校長を務めたことも、業績の柱のひとつとした。

要約してしまえばそんなふうになるだろうと私も思う。もう少しくだけて補うなら、小野さんは一九〇三年（明治36）七月、「法善寺横丁の『水かけ不動』の前を西に出た角から左側の三軒目あたりに」（『水かけ不動』）生まれた。母は難波新地の芸妓、父はその旦那であった。小野さんはそのために母の手を早く離れて、父方の縁で幼年時を大和郡山で過ごすことになる。のち、小野さんは自伝『奇妙な本棚』のなかで、「この白い小さな手よ」という章をもうけて、幼年時を回想、「わたしの手が母からゆずり受けたのは、その形の小ささと、色の白さだけで、働いたという点では、わたしの手は、あの太棹の三味線の重い大きなバチを毎日握っていた母の手には及ばない」と書いているが、このあたり、小野さんのなかの庶民気骨を探る手掛かりとなろう。

その後、天王寺中学を卒業して上京、そのまま八か月ほどで大学生活をほうり出してアナキズム系の詩運動にくわわった。この間、初期林芙美子が「二人」という詩のパンフレットを出したとき、パートナーとなった友谷静栄と同棲したりもした。

一九三三年（昭和8）、妻寿枝子さんに娘二人を連れて大阪に帰還、その後ずっと阿倍野の阪南町界隈に住み、とりわけ戦時中から戦後を経て死にいたるまでの、二階建の四軒長屋、畳数にして二十畳に満たない狭い家の生活（ここで六人の子ども育てた）は、それ自体が語り草になるほど、庶民性と小野さんを結びつけるもうひとつの触媒ともなった。

詩史的にみて、いわゆる小野十三郎を決定的にしたものも、大阪帰還後の一九三九年（昭和14）に出版された『大阪』と一九四三年（昭和18）刊の『風景詩抄』という二冊の詩集、それに、それこそまったくの戦時中であった一九四二年（昭和17）から雑誌『文化組織』に連載した『詩論』であることを思えば、やはり小野さんは大阪とは切り離しにくい。ここでは『大阪』のなかから、「葦の地方」という短い詩を紹介しよう。

遠方に
波の音がする。
末枯《うらが》れはじめた大葦原の上に
高圧線の弧《こ》が大きくたるんでゐる。
地平には
重油タンク。
寒い透きとほる晩秋の陽の中を
ユーフアウシヤのやうなとうすみ蜻蛉《とんぼ》が風に流され
硫安や　曹達《ソーダ》や
電気や　鋼鉄の原で
ノヂギクの一むらがちぢれあがり
絶滅する。

その『詩論』のなかで小野さんは、戦後、小野さんといえばこのテーゼの詩人といわれるほど有名になった「短歌的抒情の否定」を訴え、「詩は批評である」とも説いた。コトバをかえて手法として説明すると、これは音楽的（情緒）手法から絵画的（イメージ）手法への転換ということになるのだが、ここでは、あの戦争の時代、どんなリズムで人びとが、天皇制ファシズムのもとに駆り立てられていったかを思えばよいだろう。巷には明けても暮れても「君が代」と「海ゆかば」が流れていた時代、小野さんは少々難かしい言いまわしではあるが、はっきりそのリズムに否《ノン》といい、天皇の時代に背を向けたのであった。

紹介した作品は一九三九年（昭和14）元旦の作。中国大陸に日本軍の軍靴が響くなか、西大阪の重工業地帯を遠景に、寒い透きとおる晩秋の風景のなかに、孤独な自分を佇ませている詩人自身を思えばよいだろう。

絵画的ということを前提にしての、小野さんの詩の特質については、つい最近、「小野十三郎を語る（『楽市』23）という座談会での私自身の発言をちょっとだけ聞いてもらいたい。

戦後、エイゼンシュテインやロッセリーニの、モンタージュを意識したドキュメントタッチの映画を観てますと、小野十三郎の詩の世界がだぶってきました。ふつう言葉の表現というのは、言葉による選択でもありますから、映画や写真のように背景もいっしょに写ってしまうということはないわけです。そこを小野十三郎という人は、カメラアイのような目で写真のバックの点景のようなところをうまく書いたんですね。朝鮮人の暮らす様子などはほんとうは点景

ているんです

のひとこまです。そこにすごいリアリティをあたえた。写真のバックに目を注いで詩に生かし

さて、語るべきことはたくさんあるが、小野さんのエッセイ集のひとつに、『大阪—昨日・今日・明日』という角川新書がある。一九六七年(昭和42)刊であるから、ちょうど三十年前ということになる。

折から万国博を前にして、小野さんはここで「くたばれ大阪!」と声をあげて、「ど根性」「がめつい」「のれん」などという概念が支える大阪をまっ向から否定している。ここは、ほんの少しだが、肉声を聞いてもらうほうがよいように思われる。

マスコミが情緒的なぼかしをかけてやる大阪礼賛なんかもういいかげんにしろと思っている人がたくさんいる。なにか拠るところありそうに思える大阪の庶民精神も、その庶民の層からいえば、私たちが日ごろ相触れ、生活を共にしている階層からは、はるかに高いところにあって、そこに一般に流布されているような大阪的という概念が生まれるみなもとであることを知っているからである。

その意味で、私は大阪を中小企業の町と見ることにも反対だ。中小企業の下に働く、階層的にさらに低い庶民大衆がいる町だというならややなっとくがゆく。そこのところで庶民精神と

いうものを考えたら、中小企業主の倫理ともいうべき『どしょうぼね』や『どこんじょ』は、そのままストレートに大阪の庶民精神にはつながらない

この結果、伝統的な庶民性の名において、庶民はたぶらかされているとも小野さんは言い切った。

何とも小気味のよい本であり、小野さんの面目躍如がいたるところ横溢している。まことに童顔で、穏健で、スマートであった小野さんだったが、しかしいったんペンをとると、アナキストの往年の反骨がよみがえった。庶民派の詩人と各紙がいったとき、各紙はその庶民をどこにおいていたろうか。「どこんじょ」「どしょうぼね」「がめつい」、そんなことばで象徴されるような大阪に未練を持っている者は、現在はたして大阪に何人いるかとまで小野さんは問うたのである。

小野さんが居なくなって寂しくなりましたね、と、最近はよく言われる。寂しいのは、小野さんが居なくなったことではなく、ぽっかりあいた穴が、なかなか埋められそうもないことである。

人物プロフィール

おの・とおざぶろう（一九〇三～一九九六）

詩人。大阪市生まれ。東洋大学中退。大正一二年『赤と黒』に参加しアナーキズム詩運動の中心となり、『半分開いた窓』（大正一五）などを発表した。第二次世界大戦後は短歌的叙情

を否定する詩論のもとに、即物的な鋭さをもつ詩を発表。詩集に『大阪』他多数、詩論に『短歌的抒情』などがある。一九五四年には大阪文学学校を創立、長く校長を務めた。

自由人・内田朝雄

昨年（一九九六年）九月三〇日に胃がんで七十六歳の生涯を終えた内田朝雄について、「やくざ映画の名悪役」というタイトルをつけた毎日新聞の死亡記事は、つぎのように紹介している。

ピョンヤン生まれ。軍隊生活や開拓農民、会社勤めを経て、一九五九年、三九歳で映画・テレビでデビューした。宝塚映画に所属後フリーとなり、『仁義なき戦い』シリーズなど東映やくざ映画で黒幕や親分役を演じて名悪役として定着した。読書家としても知られ、『私の宮沢賢治』などの著書がある。二年間闘病生活を送っていた

これだけ読むと、大阪とは何の縁もないように見えようが、その分片手落ちということにもなる。つぎの内田自身の肉声を聞いてみるのもよいだろう。

若い頃といっても戦後まもない頃、三十歳から四十歳ぐらいまでの約十年間、オレは大阪に

住んでいたことがある。『滞留』していたといった方がいいかな。だから今でも大阪にくると、大阪の人間やないのに、すぐ馴染んで大阪弁が出てくる。やっぱりオレは大阪の人間とか、大阪の言葉が好きなんや。悪口いうにしても、褒めるにしても、きついこというても、柔らかくなるから好きなんや

（『まちかど外伝　大阪ひと物語』）

正確にいうと、内田は一九二〇年平壌生まれ。旧制中学卒業後、満州炭鉱に勤務。一九四一年久留米戦車隊に入隊、四三年玉砕寸前のサイパンを志願するが、作戦中止で九死に一生を得た。戦後、信州の開拓村に入村したが、五〇年宇部興産に入社して大阪暮らしがはじまった。

翌年、円型劇場研究会月光会を起こす。そうさせたのは、もともと資質的に好きであったこと、戦後の新劇ブームのなかで自立劇団運動が非常に活発であったことなどがあげられる。面白いのはその後である。企業社会で学歴社会がアホらしくなったことを外因に、「オレには戦争で死ななかった幸運がある」という、後の人生は余生であるという自意識が会社を辞めさせ、実力の世界で勝負してやろうという行動へまっしぐらに駆り立てる。演劇書を読みふけり、西洋の演劇論は狩猟民のそれであり、われわれ農耕民族にあてはめてもストレートには通用しないという、内田独特の発想に結びつける。たまたまその頃、早稲田の演劇博物館がワシントン大学出身のGHQのオリバー・ボートの指導で、円型劇場（梅田のコマ劇場の原型）と組んで公演をやったことは、円型劇場と詩劇への結びつきにも内田の目を開かせた。

詩人たちとの積極的な交流がはじまったのも五〇年代の終わり頃からであった。当時、大阪には長谷川龍生、浜田知章等を中心に、関西の前衛詩人が拠っていた「山河」（のち私もくわわった）という詩誌があったが、主としてこのメンバーと交わり、私も以来生涯的につき合うことになる。

ヤクザ映画への出演は、もともと生活費を稼ぐためで、『博徒』の親分役が最初であった。東京に移り住んで、役者生活は本格的になったが、この頃から取り組んだのが宮沢賢治研究であった。内田朝雄は舞台へもよく出たが（不思議なことだが、舞台では悪役はいっさいなかった）、歌舞伎座の楽屋などを訪れると、ちょんまげ姿でかたはらに本を積みあげて、いつも黙々と何かを読んでいた。会うとすぐ賢治の話だった。出番がきて立ちあがるまで、一度も話題をかえたことがなかった。私の家へ泊まったときなどもそうだった。若い私のほうがそのたびにへとへとになるのがつねだった。『私の宮沢賢治』『続・私の宮沢賢治』という、内田自身素人の賢治論といい切った二冊の本を残したが、賢治の弟清六とも親しくし、まことに自由闊達な雰囲気を残していた。何といっても、役者で朗読から賢治に接近した分、身体的なとらえ方に特徴があって、独自の精気を放っているのが魅力的だった。

告別式の日、森繁久弥が別れを告げたが、こんなことを語ったという。

私は八十三歳だ。本来なら、私がそちらにいて、内田さんあなたがここにいるのがほんとうではないか。あなたの楽屋には、いつも本が山積みしてあったことは知っていたが、隠れた見

識をもった宮沢賢治の研究家であったことを私は知らなかった、恥じ入ります
（柴岡香『内田朝雄さんのことなど』・おんる二九号）

最後に、今ひと言、内田の大阪論に耳傾けておこう。

やっぱりね、大阪弁の基本形は西鶴や近松なんかにあるんや。歌舞伎も和事も関西弁ですよ。東京の荒事は『何いってやんでぃ』となるけど、和事では『どうおしやしたんぇ』やから。だから関西弁を一種の共通語にし直そうとしたら、そこまで戻らんと人を納得させられんやんか
（前出同）

人物プロフィール

うちだ・あさお（一九二〇〜一九九六）
平壌生まれ。本名朝雄（ともお）。一九五九年映画「花のれん」で俳優としてデビュー。映画、テレビ、舞台に幅広く出演。「日本暴力団・組長」「日本の首領・野望篇」などに黒幕、親分、右翼の大物などの役で出演、悪役・内田朝雄の名を不動のものにした。一九九六年九月逝去。

近松礼賛と川田順

川田順といえば、歌人、元住友本社総理事、あるいは芸術員会員第一号というより、やはり戦後、まだ敗戦色が濃厚であった一九四八年（昭和23）に世間を賑わせた、「老いらくの恋」で知る人が多い。最近になってテレビ等でドラマにもなったりしたが、それにしても今なぜだろうかとは思った。

そんな私がここで川田順を書くのは、辻井喬が四年前に出した『虹の岬』を読んだことによる。ここでも辻井喬はなぜ書くのだろうと思ったが、小説ではその哀感にうたれた。その一途さ、純情さというものは、時代がかわりところがかわろうとも、やはりどこかで根源的な実存的な課題を背負うということであろう。もっとも、ここではその恋愛をあつかうつもりはないので、紹介がてら、一度は死の家出をしたときの一九四八年（昭和23）十二月四日の朝日新聞の記事をそのままかかげる。

『京都発』かつて『吉野朝悲歌』や『幕末愛国歌』などを著わし、純情の歌人といわれた元住友本社総理事、川田順氏（六八）は先月三十日新村出、吉井勇、谷崎潤一郎、富田砕花氏ら旧友に歌稿や遺書を送り京都市左京区北白川小倉町の自宅から家出、左京区岡崎真如堂に身を寄せて死を決していたが、同夕養嗣子周雄氏（三八）（京大医専英語教授）らに発見されて自宅に連れ帰された。順氏はその後床にふしたきり一切面会を避けているが、死を決した原因については、家人の話と歌稿から判断して、三年前から続いていた同氏の歌弟子前某大学教授某夫人俊子さん（四〇）との恋愛事件を突きつめた結果らしく、夫人に死別して十年、孤独のうえかつて憂国歌人とうたわれた老歌人が終戦後筆を投げうって、苦しい生活を守りつづけていたことなどの心境が重なったものと見られている

川田順は結局記事中の俊子と添い遂げたのだから、不幸ではなかった。評判になった「老いらくの恋」という呼ばれ方も、「墓場に近き老いらくの／恋は、怖るる何ものもなし」というみずからの『恋の重荷』という詩の序からとられた言葉であった。

さて、その川田が大阪にやってきたのは、東大法科を卒業して、大阪に本社をもつ住友に入社したからであった。その理由のひとつには、当時彼が吉祥天と呼んだ徳川慶喜の娘との恋があった。

貴族の結婚は当時天皇家の許可が必要だった。それは旧幕臣が多い貴族の反乱を防ごうとす

る、維新直後の天皇制の知恵であったろう。となれば幕府最後の老中であった松山藩主に仕え、徳川体制の思想的指導者でもあった川田甕江の子である川田順と徳川家の娘との結婚の許可は下りるはずがなかった。それを知った川田は絶望し、彼女との恋を諦めることもひとつの理由になって

と、辻井はその著で、川田の住友入社の理由としている。

だが、その娘徳川国子は、大阪の中之島公園近くの彼の下宿「駒の家」まで追ってきたことがあった。

明治四十一年晩春のことで、下宿『駒の家』から眺めると中之島公園の藤の花が綺麗であった。この下宿は屋根の切妻のハメ板に一四の奔馬が描いてあったので、小さな家だが目に立った。彼女は中之島の『花屋敷館』に泊まったが、『駒の家』から橋一つわたった所だ

と、川田は自叙伝のなかに書きつけている。この「駒の家」は中之島常安橋南詰。「花屋」は中之島三丁目一にあった。

恋を断念した結果、川田はそのままこの住友の重役になるが、そこで歌をつくるかたわら耽溺したのが近松の世界であった。

かりそめにも文学の好きな人間が、大阪に来て近松を知らんからでおられるはずがない。東京から移って来た当初、私は天の網島の『橋づくし』に出る橋を、片っ端から渡ったと、こちらは『住友回想記』の一節。『女殺油地獄』で、油屋の女房を殺した血だらけの短刀を投げ込んだのが、梅壇木橋であったことから、投げ込んだであろう菖蒲の節句の夜の時刻まで想定して渡ってみたというのであるから、相当の徹底ぶりであった。「気のせいか、川の水が格別凄く光った」と記しているのも凄味がある。

秋風や南無あみじまの大長寺
桔梗やつれて人音もせぬ

とは、小春治兵衛の心中場の跡をとむらい、比翼塚の墓石にぬかずんだときに歌った歌。この『心中天網島』の舞台となる蜆川《しじみ》は、一九〇九年（明治42）七月の北区大火のあと埋め立てられてしまうが、川田が来阪した頃はまだ健在しており、いささか浅く濁りながらも、元禄享保らしく流れていたというから、こちらは川田の執念が実ったというべきであろうか。

こんな川田の住友時代を、辻井喬は戦時中、国策会社への参加を強要する軍部にたいし、懸命に抵抗したエピソードなどをまじえて書いているが、このあたりに辻井喬の川田を書きたかったもうひとつの理由を見ておいてよいかも知れない。

司馬遼太郎は戦後、一九五五年（昭和30）頃になって川田と面識を得た。その印象もまたよい。

昭和三十年ごろに会った川田順翁は、住友の常務理事時代、社員たちにとって、廊下を歩く靴音さえおそろしかったという面はもはやうかがえず、〝老いらくの恋〟を遂げえたさなかで、ときどき少年のような笑顔をみせ、会っている私まで仕合わせな気分にした

人物プロフィール

かわだ・じゅん（一八八二〜一九六二）

一八八二年、東京生まれ。歌人。一九〇七（明治40）年に住友総本店に入社、三六（昭和11）年に常務理事として退社するまで実業界で活躍する。一方で『心の花』同人などでも活動。前妻和子（昭和14年に死別）さんは、「おおさかの街」編集部河原林の遠縁になる。

大川と伊東靜雄

大阪にまつわって昭和期に光彩を放った詩人といえば、三好達治、伊東靜雄、安西冬衛、小野十三郎ら。だが生粋の大阪生まれといえば、西区西横堀町（現在は靫公園）生まれの三好達治と南の難波新地生まれの小野十三郎のふたり。安西冬衛は奈良で、意外に大阪の地名などのよく出てくる詩を書いた伊東靜雄は、もっとも遠く、長崎県の諫早市、当時の諫早町船越に一九〇六年（明治39）に生まれている。

佐賀高校から京大を卒業後、一九二九年（昭和4）に大阪府立住吉中学（現在の住吉高校）の国語の先生となり、以後生涯、大阪を離れなかった。当時、生徒がつけた仇名が「乞食」であったというのは面白い。生家が倒産し、伊東が家督を相続したときには財産が皆無ばかりか、負債が一万円もあったからである。「親なんてちっとも有難いものじゃない」と、伊東はよく友人に漏らしたというが、四男でありながら兄たちが早世したため、生涯、その負債を背負う運命を担わされたのだった。「肥前の農民特有の一種壮烈な愚直さ」とは、この伊東を解説した江藤淳の評であるが、ここは伊東靜雄を知るためにも大事なところであろう。

同じような家庭環境に育ち、協力して負債を返済することを約束してくれた、当時堺市立高等女学校の地歴教師山本花子と結婚したのは、この家督相続の二か月後のことであった。ここから、伊東にとって意中の仮現の愛人といわれた酒井百合子あての書簡中の、

思ひもよらぬ運命にどんどん流されて行く近頃の自分の多事を考へて諦観とも苦笑ともつかぬものを感じてをります。二三年二人で一所懸命、苦労に、積極的な気持になって働かねばなりません

などを援用した「この結婚は返済の協力者を求めたもので、恋とか愛とかにも関わりがない」などという伊東静雄論が今でもあらわれる。

そういえば戦争直後の有名な論争のひとつに「政治と文学」論争があった。「ひとつの反措定」という文で、平野謙が、戦前の杉本良吉と女優岡田嘉子の樺太からソヴィエトへの越境事件をとりあげ、杉本良吉がたとえどんな理想にとりつかれたにせよ、その目的達成のために、なまみの一女性を踏み台にしたという事実こそが、きびしい批判にさらされねばならないとしたことに端を発した論争であった。

懐かしくも思い出したが、どうして思い出したかは読者におまかせして、今は余裕もないので先にすすむ。ただ、私は、先の書簡の中で、「二人で一所懸命」というところには強いアクセント

をうっておきたい気がしている。

結婚したふたりは住吉区阪南町中三丁目に住んだ。旧大阪高等学校から北へ少し入ったところ、棟割二階建の家であった。ついでながら、翌年の一九三三年（昭和8）には小野十三郎も東京から大阪に帰還、同じ阪南町に住んでいる。

結婚して三年目の一九三五年（昭和10）十月、伊東静雄は処女詩集「わがひとに与ふる哀歌」をコギト発行所から発行、萩原朔太郎から、藤村を思わせるような若さとリリシズムがあり、「春の野に萌える草のうららかな若さではなく、地下に固く踏みつけられ、ねじ曲げられ、岩石の間に芽を吹こうとして、痛手に傷つき歪められた若さである」と詩才をたたえられた。

さて、つぎは、そんな伊東によって歌われた大川の出る詩である。

そして向こうに大川と堂島川がゆっくりと流れる
私もゆっくり歩いて行かふと思ふ
そして何ものかを祈らずにはをられない
――われに不眠の夜をあらしめよ
――光る繭の陶酔を恵めよ

終戦直後の一九四八年（昭和23）に書いた「路上」から。廃虚のなかを家路を急ぐ人びとの姿をとらえたあとの終行である。不眠と陶酔の対応に伊東静雄の骨法がにじみ出る。ひるがえってこちらは一九三九年（昭和14）の作品「若死」から。

大川の面にするどい皺がよってゐる。
昨夜の氷は解けはじめた。

一九三八年（昭和13）作の「金星」にはこんなフレーズがある。

そのあかるさの河床に　大川のあさい水は無心に蜘蛛手《くもで》にながれ

大川は毛馬から桜宮を経て、中之島の北側堂島川に至る旧淀川のこと。地元を除けばこの川の名を知る人は今では少なく、作品に大川の名が出てくることもない。
だが、伊東静雄はこの大川を歌った。ゆっくりと流れるようにゆっくりと歩いて行こうと思った。この一体感はなんだろう。不眠と陶酔をひとつにした祈りの実質とは何だろう。

人物プロフィール

いとう・しずお（一九〇六〜一九五三）
詩人。長崎生まれ。生涯、大阪の中学校に奉職し、国語の教師を務めた。一九三五年『日本浪曼派』の二号から同人になるとともに、第一詩集『わがひとに与ふる哀歌』を刊行。一九四七年に第四詩集『反響』を刊行したあとまもなく肺結核を発病、闘病ののち一九五三年死去。死後、桑原武夫、富士正晴編『伊東靜雄詩集』が刊行された。

異郷の織田作之助

もともとこの原稿は、大阪の出身者ではなく、ふっと大阪を通り過ぎたり立ち寄ったりしたときの印象などをふくめた文のなかから、ふだん大阪に暮らしている私たちには見落としがちな大阪の表情を嗅ぎとろうというもので、その意味ではいまから書こうとしている織田作之助は、生まれは上町台地と大阪のどまんなか、作品では『夫婦善哉』をはじめとして生粋の大阪人がふんだんに登場することから、この欄としては、もっともふさわしくない人物になるかもしれない。

それをあえて登場させる気になったのは、たまたま必要あって、死の直前にかかれた『可能性の文学』など読み返したから。棋士坂田三吉への着目の仕方といい、二流作家論といい、二十世紀もまさに暮れなんとするきょう日にあってなお、命脈を絶たない時代を超越した生き方をめぐる発想の瑞々しさに胸うたれたからだ。何といっても発想源の毒の盛り方がよい。二流に徹した新しさなど、今どきになってのこのこいわれている小さな政府の鮮やかな先取りではないか。これは織田にとっては文学上の戦友であった坂口安吾の『堕落論』と並べて、人びとが生きるのにもっともむずかしかった時代をもっとも磊落に生き抜いた自由人の記録として、今こそ文字離れのすんでいる世代のすぐれた若者たち（たとえば若い弁護士さん）に手にとってもらいたいとも思った。

そういえば、先年亡くなった、こちらも大阪人だった小野十三郎には『異郷』という詩集があって、そのあとがきには、「異郷とは、現在いるところにその人がいないというほどの意味である」としるされているが、そこで、何かといえばわずらわしい大阪の衣裳ばかり熱心に被せられ、大阪という地方人に擬せられがちな織田のためにも、何はともあれ、この異郷というところに連れ出して、別の素顔ものぞいておきたいと思った。そんなわけで、今回は反浪速人物往来ということになる。

と、ここで小野十三郎を登場させたのも他意はない。一九四一年（昭和16）、かつて『夫婦善哉』を最初に掲載した『海風』という同人雑誌を解散した織田作之助は、このときの同人たちを中心に、『大阪文学』という月刊市販の総合同人雑誌を輝文館より創刊、みずから編集の任にあたったが、このとき編集同人に、織田自身の他、小野十三郎、田木繁、杉山平一の三人の詩人をくわえた。

うち、杉山平一は「四季」の同人でよいとして、小野十三郎はアナキズム系詩人として、この時点では日本無政府共産党事件に連座して逮捕歴などももっていた詩人であった。田木繁にいたっては、のちにはリルケの研究者になるが、当時は、非合法の日共党員時代にかいた「拷問に耐える歌」で一躍名を馳せたさっそうたるプロレタリア詩人の経歴の持ち主であった。

別段、太平洋戦争が勃発したこの一九四一年（昭和16）に彼らが反政府活動を続けていたわけではないが、『夫婦善哉』の作家とのこの巡り合わせは興味深い。織田にとっては、同人雑誌に発表した『夫婦善哉』が改造社の第一回文芸推薦作品に推された翌年のことで、ようやく文壇的地位が固まった頃であった。戦時新体制が叫ばれ、言論統制が極限にまで深まりつつあった。

高見順は『昭和文学盛衰史』のなかで、

……このごろ、仏教的な無常感を一部にとなえている人がいるが、そして、それは時代的なものと表面はなんの聯関もなしに説かれているが、つまりは深い、微妙な点で、それはむすびついているのではないだろうか。先のヨーロッパ戦争の末期においてみられたような一種の虚無思想は、まだ日本の文学界には表面的にはあらわれていないが、奥ふかいところで、僕たちの心に、それに似たものが徐々にしみこみつつあるのではないか

と、当時の中村地平の文芸時評の一部を紹介して、「世をあげて戦意昂揚で浮き足立っていたとき、ここに文学者の心が微妙に語られている」とかいているが、『夫婦善哉』の面白さについて言及するとき、忘れてならないのも、この織田の大阪物の背後に秘めた時代のくぐらせ方にあるような気がする。

一般的には織田という作家は、今次世界大戦終了直後の戦後社会のなかで、太宰治、坂口安吾

とともに無頼派と目され、文字通り、ヒロポンとアルコールにつかりながら、身体を酷使して書きまくって闘死した作家というふうに思われがちで、事実そう思われてきた。手元にある新潮社日本文学全集の年譜のなかでも、一九四六年（昭和21）四月の項に、「たちまち流行作家となった」としるされており、これではそう思わない方が無理だ。しかし、織田は先の「可能性の文学」を書きおえると同時に大量の喀血をし、その二か月後の一九四七年（昭和22）一月にはもう亡くなってしまった。彼が生きた戦後の全時間は一年半に満たなかった。そんな彼の終生を包んだものは、大阪人―西鶴―ジュリアン・ソレル―スタンダールというひとつの輪であった。

と、手元の一九四八年（昭和23）八月三十日の奥付をもつ仙花紙四六判の『可能性の文学』（吹田市千里山カホリ書房発行）の解説で重光誠一はかいている。

織田にとって大阪とは、どこまでも方法論であったというのが私の考えである。その点が、大阪を素材にしたいわゆる大阪物とは根本的にちがうところだと思う。

人物プロフィール

おだ・さくのすけ（一九一三〜一九四七）

大阪・上汐町（現・天王寺区）の仕出し屋に生まれる。旧制三高在学中に同人誌『海風』を創刊。三高は出席日数不足のため二年留年後退学した。二十六歳のとき発表した「夫婦善哉」が実質的なデビュー作となる。「木の都」「蛍」「五代友厚」「アド・バルーン」など長編、短編とも作品多数。一九四六年十二月「読売新聞」に「土曜夫人」を連載中大喀血し、翌年一月三十三歳で死去した。

三島由紀夫の豊中市米殿村

鹿苑寺庭園内にあった国宝の建造物・舎利殿（金閣）が、同寺の徒弟僧の手によって放火で全焼してから、今年（一九九九年）で四九年になる。来年で五〇年ということで、今年は二月二〇日の朝日新聞朝刊が、「航跡新世紀へ」の欄で大きく取りあげた。少しおくれてＡＢＣテレビも、こちらは筒井康隆をコメンテイターに、「驚きものの木二〇世紀」で報道した。この事件はのち、三島由紀夫の『金閣寺』、水上勉の『五番町夕霧楼』などの小説で、さらに話題をかさねることになったが、たまたま、この新聞やテレビに、重要な証言役として登場した人に鈴木義孝さんという人がいる。当時大谷大学で犯人の徒弟僧と同級生、その彼が警察の取り調べで、ただひとりうちとけた友人だったと名をあげた人物で、三島由紀夫の小説では柏木《かしはぎ》という主人公の友人役のモデルになった。現在少林寺拳法の本部事務局長。この人が私の知人で、こんな事情から過日、私たちのやっている文学私塾に来てもらって、さらに突っ込んで、主として三島の『金閣寺』を中心に、その虚と実を語ってもらった。と、そのなかに、「三島さんという人は、取材の仕方そのものは実にしっかりしていて、勘所を押さえた聞き方には感心しましたね」という述懐があった。

と、まあ、前置きがずいぶん長くなったが、こんな経過で、今回、三島由紀夫のことをかきとめておきたくなったのである。三島と大阪を結びつける縁《えにし》は、一九五〇年（昭和25）六月刊行の書き下ろしの長編小説『愛の渇き』。この小説は、ひとりの女が腸チフスで死ぬ夫を、ほとんど歓気に似た情熱で感染を怖れず看病し、夫の死後はこの舅の女になり、さらにその家に雇われている園丁の少年を愛して、ついにはその少年を鍬で打ち殺すという内容で、いかにも三島らしい自虐と逆説に満ちた構成になっている。

この舞台が今から語る豊中市米殿《まいでん》村である。制作動機については、一九四九年（昭和24）の夏、叔母が久しぶりに関西から上京して家に泊まり、たまたまその婚家が大阪近郊のかなり名高い農園であったことから、そこでの若い園丁の話など聞いているうちに、ひとつの物語の筋がうかんだ、と、著者自身かきとめている。だが田園小説の性質上、背景と季節の推移が必要であるところから、二週間叔母の婚家を訪れて資料の蒐集などした。小説の舞台が九月二二日から十月二九日の約一ヶ月であるところから、三島が来たのは一九四九年の同じ時期だったのはまちがいない。

さて、小説では、米殿村へはこんなふうにしてたどりつく。阪急電車宝塚線岡町駅が最寄り駅である。

岡町の駅前から八幡宮の鳥居の前をとおって、小都市のこまごました繁華街をぬけて、ようやく家並まばらなあたりへ来ると、この緩慢な足取りのおかげで、暮色がすでに悦子を包んだ。

府営住宅の家群《いえむら》は灯をともしていた。夥《おびただ》しい数の、同じ形の、同じ小ささの、同じ生活の、同じ貧しさの、殺風景なこの部落は、そこを通る道が近道であるにもかかわらず、いつも悦子によって避けられた

稲田に出て迂路《うろ》をめぐって小川のほとりの小径へ出る。そこはすでに米殿村の領域で、小川と小径の間に竹藪がつづいている。竹藪の断《き》れ目に小川にかけられた木橋をわたる小径があり、そこを通って屋敷に着く。

また、他のところでは、服部霊園は杉本家の地所の一角から、小川を隔ててそのあらましが見渡せる、とも告げている。

梅雨の晴れ間を縫って、過日、私はそのとおりに歩いてみた。というより、地図にあたっていて、何のことはない、この米殿村の辺りが、今私の住んでいる地下鉄御堂筋線桃山台駅に意外に近いことを知って、そのうかつぶりに驚かされたのである。

同時に興味深かったのは、三島流の地名における虚と実であった。阪急電車岡町駅や服部霊園などはそのとおりである。だが駅前の八幡宮は原田神社のことであろうし、小川とあるのは、服部霊園の西側をとおって、少し北のところで右に折れる天竺川のことであろう。府営住宅とあるのは府立桜塚高校の東側一帯。だが三島は、このあたりの細かい地名などは小説のなかではことごとく消してしまった。むろん一九四九年（昭和24）に戻っても米殿村などは存在しない。

つまり、丹念に実地を踏破しながら、三島は構想の端緒において、神経質すぎるほど虚への置き換えを重視していたのであった。それでも、本になってから二年ほどして、農園附近の府営住宅の人たちが、小説に悪口をかかれたといって、叔母のところへ抗議を申し込んできたことを、三島はしるしている。なるほど、読み返して、明らかにヒロイン悦子に、貧しさの風景と映るがゆえに、道を避けさせるところがある。だが、有閑階級の女人の、屈折した密室型の内面がテーマであるかぎり、それ自体を虚構として見つめる目がなければ、本質的に小説は成り立つまい。この種の指摘に価する場所は、この小説のなかでは、他にもある。

問題はむしろ、何も大阪近郊を舞台にしなくても、この小説は存分にかけたというところにあろう。読み返していて、あらためてそう思った。大阪が舞台になり、具体的にそこで生活している現実が描かれながら、これほど体臭を失った大阪の出てくる例はまずあるまい。それをふくめて、梅田あたりの戦後の風景は、簡潔にたくみにかきこまれている。

ようするに、三島由紀夫にとって大阪は、異邦人《エトランジェ》の眼差しでしか見つめられなかったということであろう。それが何を意味するかはにわかには量りにくい。しかしそこに、三島の文学にとっても、大阪にとっても、不透明な謎のようなものが残される気もする。

なぜ細部の地名は虚構化されたのか。そこで大阪臭はなぜ消えてしまったのか、ということである。

米殿村は現在の西泉丘一丁目から北一帯。宅地造成につぐ造成で、三島が歩いた頃とはもちろん様変わりしているが、ところどころ田園の風景はあり、農家の昔ながらの佇いは残っていた。おかげで私は岡町から徒歩で、家まで帰る破目になってしまった。

人物プロフィール

みしま・ゆきお（一九二五〜一九七〇）

東京生まれ。小説家。大蔵省に勤務するも九ヵ月で退職し、執筆生活に入る。四九年『仮面の告白』で作家としての地位を確立。七〇年十一月『豊饒の海』第四部の最終原稿を渡した後、自衛隊市ヶ谷駐屯地で自決した。

江戸っ子谷崎の大阪

谷崎潤一郎といえば、『吉野葛』『蘆刈』『春琴抄』『細雪』など、上方とは切っても切れない作家になっているが、周知のとおり、生まれは東京市日本橋蠣殻町でちゃきちゃきの江戸っ子であった。明治末期の反自然主義文学再生の機運のもと、『秘密』という短かい小説が永井荷風の激賞を得たことなどで、たちまち文壇の売れっ子になるが、この時点でも、関西の文化や風土にまだ特別な関心があったわけではなかった。

元来好古癖のある私は少青年時代から京阪の地に一種の憧れを抱いてゐたことは事実である。私は一方に江戸ッ児の抒情を抱きながら、一方では絶えず上方の風物山川を慕っていた

（『青春物語』）

というところが本音であったろう。

つまり、好古癖とか江戸ッ児の抒情をかたはらに置いての親しみだったのである。この目下江

戸ッ児中の彼がはじめて大阪に二十日ほど滞在したのは、一九一二年（明治45）二十七歳の時であった。この消息は、当時『朱雀日記』と題されて新聞連載されているが、ここでは一九三二年（昭和7）にかかれた『青春物語』から、その一端を覗いておこう。

確かあの当時、二十年の後に自分が関西に居着くやうになることを予想しようぞという前口上のようなものがこちらにはあるのが面白いからである。といって、ごたごたみたいというのでもない。東京との、ちょっとした生活や風俗のちがいを記したあたりである。たとえば、当時、船場島の内の商店街は皆道幅が狭く、夏になると往来の向う側からこちら側へ、白い布の日覆いを渡していて、それは東京より暑い土地柄のせいだろうが、その日覆いがキラキラ眩しく反射して、いっそう暑い感じがしたと、つぎのように書きとめている。

北から南へ果てしもなく続く限り日覆ひも亦遥か〲につながって、遠くの方までビイドロのやうに光ってゐる。私は外を歩く時、これには何より閉口した。とてもあの暑さうなテント張りの下へ這入る勇気がないので、日覆いのない町ばかりを選びながら歩いたが、四つ辻へ来て見渡すと、どの町通りもどの町通りも並行線の悉くの日覆ひで埋まってゐる時など、足の入れ場もない気がしたまた、人力俥に乗っていて、俥の上で何の気もなくうしろへ仰けぞると、そのまま車台が梶棒を天に沖して仰向けに打っ倒れ、往来でイヤというほど後頭部を打った話もかきつけている。自分が肥満したせいとしているが、ここは車夫の軽率さが責められるべきだろう。この怪我のおかげで、大江橋の北詰めの旅館で、毎日大川の水を眺めて暮らす破目になる。

まだ市廳舎も公会堂もホテルも建ってゐなかった対岸の中之島に、ひょろ〳〵と貧弱なポプラが植わってゐて、埃で汚れたその葉の間から豊太閤の銅像が見えたりした

そんな谷崎が関西に居を移したのは、関東大震災から逃げ出したからであった。ここから西洋崇拝の影を色濃く残した前期時代が終わり、古典美再発見ともいうべき擬古主義をふくめた後期の時代へと移るが、ここで興味深いのが、一九二八年（昭和3）に書かれた『卍』の文体である。ここは瀬沼茂樹の『谷崎潤一郎入門』からの孫引きになるが、当初雑誌掲載時の冒頭はこんなふうに書き出されていたという。

先生、わたくし今日はすっかり聞いて頂くつもりで伺ひましたんですけれど、でもあの……折角お仕事中のところをお宜しいんでございますので、それはそれは詳しく申し上げますと實

に長いんでございますのよ

現在、私たちが読むことのできる同じ冒頭はつぎのようになっている。

先生、わたし今日はすっかり聞いてもらふつもりで伺ひましたのんですけど、折角お仕事中のとこかまひませんですやろか？　それはそれは委《くわ》しいに申し上げますと実に長いのんで、ほんまにわたし

書きながら、進行させながら、文体の問題として、関西婦人をとおして上方言葉がはじめに実現されていくようすがこれでよくわかる。同時に、『細雪』を例とする客観主義（観察）もまた、ここですでに存分に生かされていたのである。ここはつぎのようにいってしまうほうが、恐らくはより的確にちがいない。
谷崎の上方傾倒は、ようするに生粋の江戸ッ児気質の異邦人《エトランジェ》の眼がもたらした結果であった。ゆえに人工であり、実よりも虚であり、虚であるがゆえにこそ美しくも照り映えたのである。

あの時の白い土の色、眩ゆい木々の緑、水ッぽい料理の味、生気を缺いた女の物腰、立居ふるまひ、言葉づかひ等も、今では何物にも優る魅力を以て私を惹きつける。嗚乎、流水変ずる

こと幾度ぞ。私の仕事、私の生活も、やうやう此処まで辿り着いたと云ふ感じがする

『青春物語』の結びのシーン。もはやどのように読みとってもらってもかまうまいと思うが、ここは実のがわへよく傾斜した文であることだけはまちがいない。

人物プロフィール

たにざき・じゅんいちろう（一八八六〜一九六五）

東京生まれ。小説家。一九一〇年第二次「新思潮」創刊の同人となり、同誌に「刺青」「麒麟」などを発表。当時主流であった自然主義に反して、「耽美主義」と称される作品群を次々に発表。一九二三年関東大震災により東京を離れ関西に移住。関西の風土に根ざした古典的世界や女の美しさ、妖しさを描き続けた。一九六五年死去。代表作に『細雪』『痴人の愛』など。

折口信夫《しのぶ》の異説大阪

折口信夫は一八八七年（明治20）大阪市浪速区敷津四丁目、当時、西成郡木津村市場筋生まれ。天王寺中学を卒業しているから生粋の大阪人である。だが、独自の「古代観」を土台に民俗学を国文学に導入、独創的な学風を築き、さらに歌人としての業績をくわえれば、大阪出身であることはたんなる来歴のひとつに過ぎなくなる。それよりもその独自な眼差しによって語られる大阪は、読んでいると異彩を放ち、やがてまったくの折口信夫の自家薬籠に嵌めこまれた大阪だけが浮かびあがり、謎めいたところもふくむ。その面白さに惹かれて、今回はあえて折口によって異郷化された大阪を訪ねてみることにした。

折口が島の内にあった育英高等小学校に通学したのは一九〇六年（明治29）から三年間であった。自撰年譜には「通学の道程一里。途中、千日前・道頓堀及び、所謂南地五花街を経る」とある。これだけ見れば南の繁華街を通り、事実そのとおりであるにちがいないが、それを『憂々たり車上の優人』のなかから見て皆さんどう思われるだろうか。

大阪の――南海鉄道難波驛から、千日前の西端へ続いて居た大通の南側一帯の町――あすこは、何と謂ったっけか。東西二町あまりの所、一筋の横町もなかった。唯ずっと後に一本、露地が通じたやうに覚えてゐる。其千日前「井筒のうどん屋」の向ひ側から一町南、新金毘羅社の北境にぴったりくっついて、停車場へ抜ける細道が、まことに細々と、前述の大通に竝行して、曲り〳〵ついていた

この頃の折口は一里もある通学距離を出来るだけ時間をかけて楽しんでいて、新しい道発見はそんな喜びのひとつだったというから、細道が多いのもそのせいかも知れない。曲り曲りついていた道もそのひとつであるが、さらにつぎのようにかく。

第一この道は、泥っぽく、しめっぽく黴くさかった。いかにも侘しく細々とした長い家裏の道だった

また他の道についてはこうかく。

ひょっと覗き込んだ目と同時に、足が踏み込んだ庭らしい所は、やはり黴くさい、蘚らしい物ものって居らぬ、何となく、醬油くさく味噌くさい、土も赤ちゃけ、煤ぼけた地面であった。

（中略）やはり土は乾いて唯背の低くて、色のわるい樫の下生えが一杯に栽《うわ》ってゐるやうなところが、鼻の先にあった

これをかいているときは五十九歳、ざあっと四十七、八年も前の回想であり、低い木造の長屋がぎっしりと埋まった裏通りともなれば、いきおい地味な印象になるのは避けられないとしても、まるっきり活気を奪われたこの印象記はやはり多少は異様な感じもする。面白いのは、この大阪の街が、そっくり折口学の文体のがわに吸いとられて、中将姫の当麻寺など奈良盆地の鄙びた風景ともかさなってしまっていることである。「苑の青菜が濡れ、土が黒ずみ、やがては瓦屋にも、音が立ってきた」と、これは小説『死者の書』のなかで、中将姫が簾ごしに見る雨の風景であるがどうであろうか。

そういえば『折口といふ名字』の冒頭、生家のある木津川周辺を語るあたり、「木津村は今、大阪市南区（現在更に浪速区）木津となった。所謂『木津や難波の橋の下』と謡はれた、鼬《いたち》川という境川一つを距てゝ、南区難波、即、元の難波村と続いてゐる。東は今宮、西は南町《ミナン》と言ふ…」とあって、「とにかく、木津は島であった、と言うてゐる」と続く。だがここでも郷土史家が故事来歴の知識をひけらかしたりするのとはぜんぜんちがって、やはり折口風空《くう》の雰囲気なのである。

さて、その折口信夫は歌人釈 迢空《しゃくちょうくう》としても名高いが、その『自歌自注』にかきとめられた彼の原体験としての大阪には、一種のいわくいい難い謎がつきまとう。というより、私には、そこ

で彼が感じとる疎外感がわかりにくい。こうのべている。

私は大阪の場末に生れた。此歌の出来た時分は、立派に町の真中になっていた。併しながら昔に変らないのは、他の都会の人が考へてゐるのとほゞ似た、故郷びとの薄情・喧噪、さういふいろんな悪徳をそなへた、わづらはしい町の人事である。さういふ町の生活にふれる事を嫌ってゐるやうに、人は考へてゐるだらうけど、私自身は、厭うてゐるとも、少しも考えてゐない。併しこの故郷に對する私の底意は、町びと達には訳らない

ここで人事とは何だろうか。大阪人気質あるいは大阪的人情の入り混った人間関係のありようとでも解釈していいだろうか。ともあれ、この眼差しは折口が東京に居てのものであるが、わかりやすくするために、もう少し引いておこう。

大阪が好きなんだけれど、その好きな内容が、説明出来ないから黙ってゐるといった風に、殺風景に解釋しても訳るだらう。それほどに大阪びとは、町びととしては、世の中から嫌はれてゐる

これに見合う折口の歌を二首あげておく。

ふるさとの町を　いとふと思はねば、人に知られぬ思ひの　かそけさ
ふるさとはさびしかりけり。いさかへる子らの言も、我に似にけり

折口信夫に大阪を思う心が深くあったことはまちがいない。したがって彼のなかに一貫して大阪にたいする異邦意識《エトランジェ》はなかった。それにしても、と私は思う。町びととしては世の中から嫌われていることの実質とは何だろうか。謎のまま、ここもまた異様な感じに私には思える。

人物プロフィール
おりぐち・しのぶ（一八八七〜一九五三）
生薬屋を兼ねる医者の家に生まれる。天王寺中学から国学院大学国文科を第一回生として卒業。一九一一〜一四年大阪府立今宮中嘱託教員。一四年上京し歌人として新風を展開したほか、研究者としても独自の学風を築いた。一九五三年死去。

倉橋仙太郎の「新文化村」

大正登美丘の地に花開いた大正ロマンティシズム

倉橋仙太郎といっても知る人はそうはいまい。しかし、この人をはずしては、大正期の大阪文化を語ったことにはならないにちがいない。一九一七年（大正6）、澤正こと澤田正二郎と新国劇を旗上げしたあと、大阪は堺の旧野田村西野に、おそらくは武者小路実篤らがはじめた「新しき村」などからも想をえたであろう「新文化村」を建設。つづけて、ロマン・ローラン風の新民衆劇を第二新国劇と立ち上げ、各地を漫遊。一方で民衆劇学校を創設して、往年の銀幕スター大河内傳次郎らを育てた男。

ちなみにロマン・ローラン風とは、「惰弱なお上品に対抗して集合的生活を主張して一種族の更生を準備し且つ促進せんとする男性的の頑丈な芸術、この民衆劇に対する吾々の熱烈な信仰は吾々の青年時代の最も純潔な且つ最も健全な力の一つである」というロマン・ローラン自身のコトバから来る。仙太郎の理想がどんなものであったかは、このみじかい引用からも十分察することができるだろう。

富士正晴流にいえば、生来の企画癖・夢想癖・実行癖の男であり、戦後生まれで、今この新文化村等の顕彰に奔走する井村身恒の目からは、まさにわれらが愛すべきドン・キホーテであった。また文芸協会当時の若き日を知る河竹繁俊は、「いつも微笑をたたえた、しずかな人柄だった。コケシ人形を老成させたような、比較的大柄、役者顔というのではなかったが、おだやかな人物」と評している。コケシ人形を老成させたようなという表現は面白い。新国劇では副将としてもっぱら三枚目を受け持ったが、その演技にあごをはずして拍手したことのある沢井保次は、第一印象としては人なつこい好人物だったといいながら、楽屋をたずねてはじめてあったときには、厳格そのものといったような、威儀を正した姿勢だったとしるしている。

さて、この倉橋仙太郎、一九八〇年（明治23）、大阪府枚岡村（現在の東大阪市）生まれ。だから生っ粋の大阪人ということになるから、この欄の登場人物としては例外、だがその理由はおわかりいただけようと思う。

二一歳のとき上京、父の反対を押し切って芝居をやりはじめ、やがて坪内逍遥らの文芸協会の演劇研究所に学んだ。松井須磨子、澤田正二郎らと同期の二期生。ともに舞台に立っている。のち島村抱月の芸術座に参加するが、一九一七年（大正6）、この島村とも袂を分って、澤正こと澤田正二郎と新国劇を創立した。この頃、宇野浩二、鍋井克之、相馬御風、秋田雨雀、三木露風、窪田空穂、竹久夢二、中山晋平らとの広い交友があり、結婚もして、仙太郎第一次の昂揚期とみてよいだろう。樋口十一の「新国劇のころ」を読むと、芸術座を離れて新しい劇団をつくろうと説得したのも仙太郎なら、資金調達にかけまわったのも仙太郎、新民衆劇とか新国民劇とか数種の名前をかんがえて、逍遥のところへ相談にいったのも仙太郎だった。舞台では澤正の二枚目にたいしてもっぱら三枚目に徹し、しかしひじょうに人気を博したことから、創立当初は新国劇ではなくもっぱら澤倉劇とよばれたという。古い座員であった上田吉二郎は、澤正の夫婦の縁をとりもったのも仙太郎だったと伝えている。澤正とのコンビネーションは生涯変わることがなかった。

この仙太郎がどす黒い血を吐いて舞台裏で倒れたのは、一九一九年（大正8）晩秋のことであった。三年後澤正のせつなるすすめで舞台をやめ、養生を目的に泉州野田の里に帰還する。仙太郎の夢想癖と実行癖がふたたび始動するのは、ようやく病が癒えた二四年（大正13）頃からであった。

当初、仙太郎は、円筒形の奇怪な屋根裏部屋をふくめて七間の自宅を建てると、そのまわりに文化小住宅という組立て式の五坪ほどの小さな家を十数軒つくって、新文化村と称した。やがてここに、仙太郎に共鳴する大阪時事新報の社会部長灘英夫、のち作家となる大阪毎日記者の竹田敏彦、大阪外語の教師津田和也らが集まって、なるほど文化村になるが、世間の目からは貧民長屋にすぎなかったらしい。ここで仙太郎は文化村村長さんとなる。そしてここに子どもたちのための自由学園、おとな教育のための民衆大学を夢想するが、いち早く芝居の虫が動いて、澤正を校長に文化村民衆劇学校という演劇塾を開き、その研究生たちによって設立されたのが第二新国劇、ロマン・ローランに因んだ新民衆劇であった。そのスター的存在になるのが一期生の原健策で、やがてそこへ新聞広告を見た大河内傳次郎（正親町《おおぎまち》勇）、金剛麗子らがくわわる。

先の灘波英夫が「ワシラノシンブン」というタブロイド版のミニコミ紙を月二回のリズムで発行するのもこの時期である。世界情勢から野井戸に子どもがはまった事件までかいていると井村は感心している。

この灘波の紹介でこの文化村を訪れるようになったのが、「水平社宣言」を起草した西光万吉であった。仙太郎の手ほどきを受け、万吉はそこで「天誅組」という一幕二場の戯曲をかき、仙太郎は新民衆劇を上演、大河内傳次郎こと正親町勇が吉村寅太郎を演じた。

仙太郎も灘波英夫も津田和也も脚本をかいた。その第一編は「大阪文化村新民衆劇脚本集」として、一九二四年（大正13）四月に出ている。新民衆劇学校出版部があり意気軒昂であった。秋田雨雀、山本宣治、荒畑寒村らも自宅やお寺で開いた「民衆大学」へ講師として招かれてきている。


先生は、また多面な表情の持主で、時に哲学者に、時に社会主義者に、また時には興行師に、そして俳優に……と。最後には御自分で在家の比丘とも仰有って、合唱三昧に過されたものでした。ある時こんな事を云われたのです。「自分は稀代のオッチョコチョイだ、世の中はオッチョコチョイが、事を成す…」

とこれも先に紹介した沢井保次「わたしの思い出」から。最後、じつによい発言だ。

人物プロフィール

くらはし・せんたろう（一八九〇〜一九六五）

大阪生まれ。演劇人。その多彩な活躍については本文でどうぞ。堺市在住の井村身恒氏らが現在、その思いの継承に励んでいる。

大阪で妻を買った里見弴

白樺派の文学といえば、大正期の瑞々しい頂点を指し、武者小路実篤、志賀直哉、長与善郎、有島武郎らを中心に、新理想主義とか人道主義でくくられるのが今日私たちの常識になっている。だが、もともと複雑多彩な個性派の集まりだけに、一概にこんなふうにはくくり切れないところがあって、そこがまた面白い。

今回登場の里見弴は、典型的なはみ出し派のタイプのひとり。有島武郎、生馬に継ぐ有島家三男坊だが、兄ふたりとはまったくちがって、磊落かつ放蕩な青春期を送り、かつその体験をばか正直に小説にした。『多情仏心』『極楽とんぼ』など、どこか人を食ったような小説の題名だけでなつかしむ人も多いだろう。この里見弴には、まことにうまく大阪弁を駆使した、銭湯のシーンにはじまる『父親』というような短編もある。

「ついこの六日のひにこっちゃへ宿がへして来ましてん。おてやんの身の都合でなア…」

「さうだっか。そやったら、もう退きなはったん?」

「わてだっか？…阿呆らしい、こんな姿がおはなにゐてどうなりまんね」
「さうかて、ちょっとも、あんた、変らへんで」
「なに云ふてなはんねんな。なんぼ若がったかて、もうあきまへんわ、ほんまにあきまへんわ。そやけどなア、木田はん、嘘にでもそない云ふとくんなはったら嬉しおまんがな。一遍うちイよんなはったらどうだす。なんぞおごりまへうがな。…わてとこ、ついこの薬師さんの路地《ろうじ》だんね」

昔、芸者をやっていた女が、その頃関係もした客の男と、ばったり道端で出会うシーンのやりとり。おてやんとは今芸者に出している娘の名。このまま対話の連続で物語は進行し、最後、この男が娘の父親ではないかと暗示されるところで終わる。谷崎の上流社会弁とはむろんちがうし、織田作の土俗ともちがう。宇野浩二にいちばん近い気もするが、わずかの大阪在住と、芸妓だった妻からの手習いで書かれたとすれば、さすが。ぞくぞくするようなリアリティだ。

さて、この里見弴が、ある年上の女ともうひとりの年上の女との関係を清算し、少年時代から兄事した志賀直哉との確執もあって、はじめて家を出たのは一九一三年（大正2）の暮れ、二十五歳の時であった。「寂しがりや、心細がりやの私は、全く見ず知らずの土地には、所詮落ちつけそうもないので、仏蘭西から帰って間もなくの九里が新婚の家をもった大阪に、さしづめ宿をとったのがもとで」（『青春回顧』）とあるから、大阪を選んだのも、行きあたりばったりだったということになる。だが実家からの送金がたっぷりあったことから、九里の妻のところへ来ていた髪結の周旋によって、大阪ミナミ笠屋町の、とある屋形《やかた》の二階を借りることにした。屋形つまり芸者が家族と暮らしていて、芸者家から連絡を受けて座敷にあがる住まいのことで、よほど珍しかったのだろう、宇野浩二の文など引きながら細かく説明している。道頓堀や千日前の夜のようすも、「三時間あまりづつ、東京より伸びてゐる」のに感心したり、女湯から芸者たちの嬌声の響く午《ひる》どきの銭湯も、東京よりも綺麗で設備がよいと、日々の暮らしぶりのなかで、ぐいぐい大阪に馴染んでいくようすが、よく先の回顧の文に映し出されている。

そして二十七歳になって、当時十七歳で芸者に出ていたこの屋形の娘まさと恋におち、一女を生ませたことから、『妻を買う経験』という小説世界に描かれた現実がはじまった。

「どうせお前は、私たちの探してあげるお嫁さんぢア気に入らないんだろうから、どこからでも勝手につれておいでだけれど、たゞ、前もってこれだけはさっぱり断わって置くが、芸者や女郎だけは御免だよ、なんでもいゝ、なんでもいゝが、玄人《くろと》だけは困るよ」と固く念を押されてゐた、そのたった一つ、どうしても許せないといふ玄人を、是が非でも妻《めと》らうと決心した。

この間《かん》の消息もまた、「妻を買ふ経験」といふ旧作のうちに詳《つまびら》かだが

といっているから、ここは事実と信じこんでまちがいない。妻を買うとは、ようするに前借金を

どう清算するかということであった。それにしても娘を売ったお金を手にしたのは、同じ屋形に住む母親であるはずだから、へんな話である。結局は、「自分の妻たるべき者の値段を極力値切り倒し」て思いを遂げる。作中、このかんじんの女性については、「さあ……」以上に何も語らせていないところが面白い。

里見弴は一九二一年（大正10）頃からは、いわゆるまごころ哲学を唱導、人が生きるうえではばか正直が尊いといった。また、原始人発生からの人類史をタテ軸に、自分の生まれた日の世界をヨコ軸において、その交点を誕生点と称し、その一点のつながりを重視した。『妻を買ふ経験』は、ようするにひとりの女性にたいする自分のまごころを、シビアなお金の世界に晒された話である。その恰好の舞台になった大阪にアイロニーは感じられまいか。

ついでながら、里見弴という人は、昭和十年代を、軍という敵国に占領されていた時代と、のち単純明快にいい切った人でもあった。そんな人に人生最大の転機を迎えさせた、と、いう意味では、この大阪、なかなか小気味がよくて捨てがたい。

人物プロフィール

さとみ・とん（一八八八～一九八三）

横浜市生まれ。母の実家を継いだが有島家で育った。学習院に入学し、回覧雑誌「大麦」を創刊、東大中退後の一九一〇年「白樺」同人となる。技巧にすぐれた短編小説を多作、大正文壇でその名人芸を称賛された。白樺派最後の文人として悠々、一九八三年九十四歳で死去した。

住吉公園の遊女の小用跡

近松秋江の大阪

私小説といえば、自然主義の異形として、この国独特の小説の一種となって大正期に入って発展した。田山花袋らの初期自然主義の作家たちが、あくまで現実を自然のままにうつし出すことを目的として、純客観的写実を主張する平面描写を重視したのにたいし、こちらの私小説作家たちは、行動的自然主義の立場から、自己身辺の解剖に重点をおいて、むしろ自虐的な激しさに徹した。なかでもその無調和ぶりできわだっているのが、岩野泡鳴と今から語る近松秋江である。

秋江は一九一〇年（明治43）、三十五歳のときに書いた『別れた妻に送る手紙』で登場するが、その世界は六年数か月も同棲しながら入籍せず、あげくのはて逃げ出した女を連綿と追いかけまわす私小説で、男の不決断、未練、負け惜しみ、女にたいする甘さのまじった、まことに女々しい思いきりのわるい情痴小説であった。しかもそのなかには、その寂しさから遁れるために買った玄人女にたいする嫉妬も臆面もなく描かれており、見ようによってはバカバカしいとしかいいようのない作品であった。それはこの作品の連作となる『疑惑』、京都の遊女に執着した『黒髪』『狂乱』『霜凍る宵』などでいっそう徹底することになる。ここではこのような秋江の素顔をお見せするという意味で、この『別れた妻に送る手紙』のモデルとなった大貫ますあて、一九一〇年（明治43）四月十八日付け手紙の一節を紹介しよう。

いくら手紙をやっても返事も越さぬから、今少し形付けものをして置いて、お前を殺すか、さもなければ、入らぬ口を開いて邪魔をする誰かを打ち殺して、自分でも死ぬつもりだ。三十五まで生いて《ママ》ゐたら、大抵生きるにも飽いた。二三日前ピストルも本当に買ったよ。昼日中でも大道で、ピシと伊藤公を殺したやうに打ってやるんだ。……

その一方で、自分の兄へあてた手紙では、

おますは貧乏はしたれども、決して卑しき性質の女にあらず。淫売婦と混同なきやう、御承知下され度候

ともいっており、この情念の破滅的な高ぶりは尋常ではない。そこをすぐれた細密描写で客体化して小説にしてしまうのだから凄まじい。

この秋江、一八七六年（明治9）に岡山県藤野郷に生まれ、のち大阪市立商業学校を受験、体質が虚弱なために入学を許されなかったが、大阪には早くから縁をもった。四十七歳になって結婚、

翌年第一子を得てからは、「恋愛経験を取材せる作風ここに至りて漸く一変す」と自注したとおり、一転して文芸時評なども書くようになり、「週刊朝日」五周年には大阪で講演、大阪への言及も多くなった。

僕は大阪を聞いて成長し、成長して後近松や西鶴を愛読してゐる等の関係から言っても、大阪を愛せざるを得ぬのである

ともいい切っている。

そのうえで辛辣なこともいった。大阪の市街はだんだん東京のようになってくるが、それはよいことかわるいことかと問い、

大阪は東京に比べて更に古い都である。僕はその古い都が、何処かに古昔の面影を保存して行くことを欲するのである。僕は大阪人が、自己の都市といふものに対して、今少し自負心を持ってゐることを望むのである。何と言っても、今の処、大阪の芸術—然う—義太夫を除けば殆ど凡ての大阪の芸術は東京に比べて劣ってゐる

という。

つまり、江戸時代、近松や西鶴は、文教施設のない、物質本位商業本位の都であった大阪に住んでいても、それでも古今文芸の中心になっていたではないか。それにくらべると今の大阪人は東京の芸術にたいして劣っているばかりでなく、昔の大阪人にくらべても劣っているのではないかと批判する。このあたり、秋江の発言は具体的で、落語家や寄席の聴衆の趣味の下劣さにまでおよんでおり、あれほどバカバカしいことをも水際だって表現しえた作家だけのことはある。

と、少々秋江の硬派の面も紹介しておいて、最後にもういちど情痴小説家秋江に。

『青草』という短篇がある。秋江の愛欲もの、遊女をあつかった小説には、京都ものの他大阪ものが数篇あるが、その代表作になる。

住吉公園の近くに住んでいる宿に馴染みの遊女がたずねてくる。住吉神社の高燈籠が見えるというから察しのつく方もあろう。問題はラストシーンである。

「もう帰るわ。」

「じゃ電車まで送らう。」

先刻《さつき》の廣い草原まで出ると、

「ちょっと待って頂戴。私、此処に小用《しい》をするわ。」

「じゃ、今自家《うち》でして来ればよかったのに。」

「でもいゝわ。階下《した》で屹度さう思ふもの。」

さういひつゝ、早くも闇の中に白い脛を捲くるのが見えていた。

翌朝《あくるあさ》、浅海は、また其処を散歩すると、昨夕遊女《をんな》が小用をした跡には輝く春の日の下に青草が伸々と萌えていた。

このシーンをめぐって、夏目漱石は「青草が生えていた。なるほどね」といい、芥川龍之介が「画竜点睛に救いあげえているかどうか」といったことを、宇野浩二が伝えている。伸々《しんしん》と萌えていたというくだりがなんとも刺激的。まさに画竜点睛だ。

人物プロフィール

ちかまつ・しゅうこう（一八七六〜一九九四）

岡山県生まれ。十九歳のとき大阪へ出、市立商業高校を受験、学科は最優秀だったが体質虚弱で入学を許されなかった。その後、帰京、上京をくり返すが、大正初期、大阪難波の色町や郊外の宿屋を転々としていたことがある。一九四四（昭和19）年、老衰によって死亡。早大での同級生で終生の友人となった正宗白鳥が葬儀委員長をつとめた。

虚構としての猥雑・野坂昭如の大阪

これまで、この欄で野坂昭如をあつかうには、多少の躊躇がないわけではなかった。独特な野坂風猥雑さが、逆に大阪のもつ自然な何かを失わせているようにも思えたからである。それを払拭させたのには二つの理由があった。

ひとつは、文体をめぐって、「貧しい書棚の織田作之助選集をひっぱり出し、拾い読みするうち、この調子でやりゃいいのか、と妙な納得があった」(「狹斜の果て」)という、小説書きはじめの頃の野坂昭如自身の述懐にふれたこと。もうひとつは、「イエス様とエロ事師の間」というエッセイのなかで、デビュー作となった『エロ事師たち』のアメリカでの出版にいたる、つぎのような愉快なウラ話を知ったからである。

なんでも一九六七年(昭和42)十月なかば頃に、一通の外人からのエアメールを受け取ったと、野坂はしるしている。

拝啓、私はマイケル・ギャラガーと申します。このたび貴殿の小説エロ事師たちを翻訳いたしますことになりました。まことに光栄に思います。……おうかがいいたします。『男のはしくれ』とは何のことでしょうや、陰茎のことか、……『睾丸の砂おろし』とは何のことでありますか、……銘木屋というのは材木屋と理解してよろしいのか

云々。

野坂は、この小説、かなりすさまじい関西弁で書いているから、はたしてうまく横文字に移せるかどうか心配だったが、このときの十六条の質問中には、訛りについての疑問はなかったことから、とりあえずは「男のはしくれ」はけっしてペニスを意味しないことなど、ていねいな解説をしたためた。すると、すぐまた手紙が届いて、なかに一九六五年夏のとある日本の新聞の切り抜きコピーが入っていた。記事の見出しは「青い眼のアンコさん、釜ヶ崎の人気者」。

何のことはない。マイケル・ギャラガーという人物は、朝鮮動乱の頃はアメリカの軍籍にあり、のちジェズイット派の神学生になって再来日したが、日本で英語の高校講師を勤めるうち、日本の英語教科書によって、自分がこれまでずいぶんまちがった英語を書いたりしゃべったりしていたことに気づき、かつ宣教師になることにも懐疑的になって、釜が崎でアンコをしていたという。

アンコとは立ちんぼうで毎日トラックで迎えにやってくる日雇い労働を待つ人びとのことで、釜が崎の名物でもあった。ようするにこのギャラガー、ニューヨークにもどっているうち、『エロ事師たち』の翻訳を求めている出版社を知り、応募して採用された人物であった。となると、釜

が崎を知るアメリカ人なのだから、適任ということではこれ以上の適任はない。それにしてもどこか眉唾臭い気がしないわけでもない。
さて、肝心の『エロ事師たち』の文体をごく一部紹介する。

なんでや、と問い返すスブやんに、つまりトルコの女は技術者やねんなァ。五本の指で、男の性感帯をあんじょう刺激してやな、それで楽しませるのが本来の在り方や。それを男にいらわさすやろ、いらわさすのは技術のいたらんところをカバーしよるんやなあ、料理でいうたら鰹節や昆布でダシとらんとからに、化学調味料でごま化すみたいなもんやで……

というぐあい。
このいらわさすあたりの訛りが伝わらないと、『エロ事師たち』の魅力は伝わらない。ついでながら、この小説に出てくる地域名をあげるとつぎのようになる。十三、銀橋（これは大川にかかる橋の名）、城東の大宮町、千林、滝井、森小路、梅田、梅が枝町、守口、布施、関目、天王寺……。なかでも、スブやんや伴的など主要人物の住まいは、京阪電車の京橋から守口までに集中しており、野坂昭如のつから関西訛りは、谷崎潤一郎のような伝統的な、織田作之助の地域的なものとはちがって、河内ことばを主力にしながら、戦後の喧騒のなかで、さんざんよそ者にもいじくりまわされたことばということになる。

この野坂昭如という作家、『火垂るの墓』で知られるとおり、少年期の戦争末期に神戸で空襲に遭い、一年四か月の妹を栄養失調死させた経験をもち、みずから焼跡闇市逃亡派を名乗って今日に至った。守口界隈もその間に足を踏み入れたことも知られているが、実際には、三木鶏郎事務所の経理係兼マネージャーをしていて、CMソングの作詩やTV番組の構成などをしていた頃、いろんな人の出会いのなかから、取材をとおして構想をたて、かつスブやんなどの作中人物をイメージ化した。

この点、たしかに、あるく、みる、きくが底部を支えている。この材料あつめのしたたかさが、野坂昭如個有の大阪訛り型文体を生み出したといってもよいだろう。先のギャラガーについても、彼が釜が崎にいたと同じ頃、「ぼくも釜が崎に入っていた、こっちはもはやアンコに立ちまじる体力はなく、ドヤにごろごろ昼は寝て、夜焼酎に酔い痴れていただけだが……」と、同じ文のなかに書いているが、そこから先が原体験、私小説風ではなく、外化された大阪となっているところに、野坂らしい特徴があればあるといえるだろう。そういえば、先年亡くなった名悪役俳優内田朝雄は、俳優談議のなかでこんなことをいったことがあった。

オレの大阪弁が本物や、オレのは全国共通の大阪弁や

ここが面白い。全国共通の大阪という野性味あふれるイメージこそは野坂昭如のばあいにもあ

てはまるだろう。そこが翻訳可能を実現させたのかも知れない。

人物プロフィール

のさか・あきゆき（一九三〇〜二〇一五）

神奈川県生まれ。幼少期に母と死別し神戸で育つ。闇屋、バーテンなどで食いつなぎ、CMソングの作詩やテレビ台本などを手がけつつ、六六年『エロ事師たち』で作家デビュー。とにかく多才で、歌手としての実績もあれば、元・参院議員でもある。

田中絹代の大阪

新藤兼人の『田中絹代』

昭和を駆け抜けた映画女優田中絹代が六十七歳で亡くなって五年経った一九八二年（昭和57）、新藤兼人は小説『田中絹代』を「週刊読売」に連載した。うぶな娘役から清純な人気スター、そして晩年は体当たり演技の老婆役と、まさに女優一筋の生涯だったが、新藤兼人はここではあらゆる厚化粧を剝いで、映画人（人気稼業）であると同時に、ひとりの女であった絹代の生身の一生にスポットをあてた。軸になるのは「一生お芝居を通した人」の裏側の素顔であるが、それを具体化するのは、新藤兼人にとっては師にあたる映画監督溝口健二との、不思議ともいえるなかば秘められた愛のかたちである。この変幻自在な人間味をかいくぐっていくと、幼いころ苦労して育った大阪の風土が、いたるところで影を落としているのに気づかされる。

一九四八年（昭和23）、田中絹代にとってはじめての汚れ役になった『夜の女たち』は、舞台に大阪天王寺界隈が選ばれた。つぎはそのロケーションの逸話であるが、じつはこのシーン、小説中にノンフィクション風と小説風と二度描かれる。紹介するのはその前者である。

プロデューサーは松竹下加茂撮影所の絲屋寿雄で、天王寺ロケを次のように語る。

「田中絹代がくるってんで、そりゃもう、えらい大騒ぎ。なにしろ戦後の闇市時代で、娯楽物といったら映画でしょう、スターの田中絹代がほんとうにくるのかってわけだな。田中絹代を出せってんで、大群衆が押しかけて撮影にならないわけ。そのうち、絹代さんが出たらね、一人のおっさんが人垣を破ってとびこんできてね〝絹代っ琵琶劇の絹代っ、わいの顔忘れへんやろ〟ってね、大の字に寝そべるんだな」

田中絹代は、ニコニコして、その酔っ払いのおっさんを見ていた。なんだこのヤローと思ったのか、むかしを思いだして懐かしさにしずんだのか
このニコニコがなんともよい。むろん、このヤローなどとは露ほども思わなかったろう。田中絹代は七歳のとき、母に連れられて下関から大阪の天王寺区に移り住み、十歳から琵琶少女歌劇にくわわり、四年間、千日前楽天座の舞台にあがった。この歌劇は宝塚少女歌劇に刺激されてできたもので、ようするに琵琶を伴奏にしたアトラクションだが、この時期が、一家六人とたんの貧乏暮らしを強いられた時期にかさなった。

このことを頭に入れて、新藤兼人のつぎような述懐も聞こう。溝口健二も絹代も亡くなって、この小説の取材のために訪ねた脚本家依田義賢とのあいだで、ふたりのふしぎな関係をめぐって、「同族や、同じ穴のムジナやな」と語り合ったあとの述懐である。

まず、少年少女時代におかれた境遇がよく似ている。溝口健二は浅草裏の路地裏で貧しい生活を送った。田中絹代は、大阪天王寺裏のどぶ板の鳴る長屋で最低の生活に喘いだ。幼ない時代の環境は誰にしても決定的な性格をつくりあげる

だが、田中絹代がこのような貧乏を自覚的に体験したのは、生涯を通じて、この大阪時代だけであった。十四歳で松竹の大部屋になった絹代は、まもなく主役に抜擢され、この時点で、すくなくとも貧乏の喘ぎとは、永遠におさらばすることができたからである。そのうえで、新藤兼人のいうとおり、幼ない時代の環境が人の決定的な性格の要因となるとするなら、大阪は田中絹代の人格形成にそのまま投影することになる。

田中絹代は十七歳のとき、新進監督清水宏の求婚を受け、試験結婚と称する周囲公認の同棲生活に入った。それは二年で破綻するが、この時期が少女から女へ、成熟にかかる時期にあたるために興味深い話も多い。

実は、絹代は、小説を読むのは好きではないし、戯曲はしんきくさくて読む気がしない、ともかく専門家がチエをしぼって書いたものには、それなりのネウチがあると信じていたのである。文学少女の気《け》もない絹代だが、その天性のすばらしいカンは、善悪是非を嗅ぎわけて、ぐ

さりつかんだ

それが崩れた。なぜだろうと思う。絹代の正体を見たのだ、虫一匹殺せないような可憐な乙女の心に、どうにも手に負えない一匹の生きものが棲んでいたのだ。それは野良猫のようにぜったいに馴染まない、征服されることを拒んだ、野性の本能のままの生きものだった

前者は、田中絹代は小学校へしか行かず、通学のかたわら琵琶少女歌劇にくわわったのだから、それでも登りつめるものがあるとしたら、天性の資質でしかないのは察しがつく。そして後者は、糸口になったのは貧乏と少女歌劇の舞台だったろう。おまけに絹代は、「はい」「ございます」の姿勢を生涯くずさなかったというが、おそらくそれは良家の出であったという母親ヤスの躾だったことはまちがいない。つまり雑ぱくな天王寺界隈の最下層生活のなかで、絹代はしかしごくわずかながら、周辺部とはちがうずれを意識しつつ成長していたのであった。

一九三一年（昭和6）、日本初のトーキー映画『マダムと女房』に代役出演した田中絹代は、ここでも下関ナマリに大阪ナマリがまじった、なんともいえない甘い雰囲気の声で人気をかっ攫う。これもまた生粋の大阪ことばを想定すればずれの産物であった。見え隠れする大阪、だがそこにあるずれが私には面白い。ロケにもどせば、「絹代ッ」と人垣を破ったおっさんとは絹代は無縁なのである。だからこそ田中絹代には大阪が住んでいるともいえるのである。

人物プロフィール

たなか・きぬよ（一九〇九〜一九七七）

山口県生まれ。一九二四年松竹下加茂撮影所に入る。映画デビューは同年の「元禄女」。三〇年代には松竹の大スターとなり、戦前の代表作として「伊豆の踊り子」（33年）、大ヒットして合計四本がつくられた「愛染かつら」（38〜39年）などがある。戦後は演技力も円熟し、日本映画の黄金時代と言うべき五〇年代の多くの傑作に出演した。また、自身の監督作品として「恋文」ほか数本がある。七五年、「サンダカン八番娼館・望郷」でベルリン国際映画祭最優秀女優賞。

戦後大阪に咲いた新聞ジャーナリストの夢と挫折

足立巻一『夕刊流星号』

その戦後の新興新聞を《夕刊流星号》とよぶのは、社章が流星に似ていて、そして流星のように光芒を曳いて虚空の暗黒に消え去ったからである

足立巻一が一九八一年（昭和56）秋、新潮社から刊行した『夕刊流星号――ある新聞の生涯』は、こんなふうに書き出される。

夕刊流星号とは、戦後、タブロイド版横型というユニークな紙型で、多くの人びとの耳目をあつめた「新大阪新聞」の愛称であり、記憶される方も多いだろう。わずか二ページしかない創刊号では、その四分の一に近い紙面を学藝欄が占め、連載小説は武田麟太郎の『ひとで』（遺作となった）が、その挿絵は小磯良平が担当した。

編集局長は毎日新聞から出向した黒沼大治郎で、創刊に先立って、全員で三十名ほどの編集局員を集めると、こんな訓示をしたという。

目標は《ロンドン・タイムズ》だ。日本の《ロンドン・タイムズ》をつくるのだ。イギリスの大衆新聞《デイリー・ミラー》の発行部数はざっと五百万、《デイリー・エクスプレス》四百三十万、それに対して《ロンドン・タイムズ》はたったの二十五万だ。だが、《ロンドン・タイムズ》こそ、〝イギリスの声〟と呼ばれ、十九世紀をつうじてヨーロッパの新聞中の新聞といわれてきた。……

この黒沼のモデルは、戦争中の歌謡曲「長崎物語」「空の神兵」「戦陣訓の歌」の作詩者梅木三郎のこと。作品のなかでは、「ドブネズミの感じがあった。四十六歳。小男で、いつも寝足りないように顔がすすけ、前歯がぞろりと抜けている」が、不思議な説得力をもっていたと、描写されている。

この新聞、一九四六年（昭和21）二月四日に創刊された。もともと夕刊は、戦時中の一九四四年（昭和19）三月六日からは全国いっせいに停止されていた。敗戦後も、占領軍総司令部が新聞用紙割り当ての管理権をにぎり、それを利用して既存新聞社を押さえ、朝刊を発行する新聞社には夕刊発行を許さなかったことから、たくさんの小新聞が生まれた。流星号も毎日新聞社の傍系として発行され、そのため、幹部はすべて毎日新聞社の出向社員で占められた。だが、往年の新聞人の野趣ぶりはかえって、この出向という自由の獲得によって燃えたぎったのである。

足立巻一は一九一三年（大正2）東京の神田生まれ。九歳のとき、母方の叔父のいる神戸に移り住んで、神宮皇学館卒業後も神戸で教師になり、一九八五年（昭和60）八月の死にいたるまでこの地を住処とした。戦後、軍隊から復員して、新大阪新聞社スタートと共に入社、以後、学芸部長、社会部長、編集総務と歴任するが、そのため塗炭の苦難も体験した。十年経って退社、文筆業となり、ラジオ・テレビ番組の構成から文学全集の編集などにたずさわり、たくさんのエッセイ集、ノンフィクション、小説、研究書に詩を残す。なかでも竹中郁、井上靖、坂本遼らと組んだ子どもの詩雑誌〈きりん〉の編集、芸術選奨文部大臣賞を受けた本居春庭の評伝『やちまた』などは白眉だった。面白いのは四十五歳になってから第一詩集を出したことだ。おかげで私などとも交わりができたが、穏厚な人柄にひそむこの広角度の仕事ぶりに、私はひそかに憧れたものだった。

さて、この新聞社、「ベートーベンを、チャイコフスキーをゆかたがけ、下駄ばきで聴いたっていいではないか」という発想から、日響の西宮球場での野外演奏会を実現させたりするが、一九四九年（昭和24）一二月一日は、まちがいなく転落をはじめる最初の日となった。毎日をふくめ、全国大手の新聞社もつぎつぎ夕刊発行が可能になったからである。むろん、ここからが正念場と、社員達は《ロンドン・タイムズ》の夢をかかえて奮戦するが、資本の攻勢の前には詮かたなく、みるみる発行部数は凋落していく。

経営権も右翼がらみのやくざに乗っとられ、主人公の伊坂も、彼らのいう人事を承諾しなかったことで、とあるキャバレーにつれこまれ、陰毛を焼かれたり、裸にして四つ這いにされるなどの凌辱によるリンチを受ける。十二時間が経過して、やっと外へ出たところで、「一挺のピストルが与えられれば、やつらの巣へ仕返しに乗りこむ前に、自分の心臓にぶっ放しているにちがいない」と感慨が書きとめられるが、足立巻一はまさに、戦後大阪のこの修羅を経験したのであった。のち、足立巻一は、この本と同じ題名の第一詩集のあとがきに、こう書きとめる。

彗星の時期は一九四九年一二月までだった。その年、大新聞が一せいに夕刊を発行するようになると、…みじめな転落がはじまった。そうなると印刷工場も社屋も持たない新聞が、それまで彗星のように輝いたということもナンセンスだった。しかし、そのころぼくたちは大資本から独立して、小共和国を作ることをゆめのように考え、一月一日大幅に減ってゆく発行部数にもむしろ敵意を湧かせていたものである

この一方で、足立巻一は、新大阪新聞社に入ったおかげで、毎日新聞大阪本社の当時学芸部副部長だった井上靖を知り、親交を重ねることになり、先にのべた〈きりん〉を手伝うよう誘われ、竹中郁を紹介される。大阪市北区梅田町三五、焼け跡の急造二階建ての版元尾崎書房で、仕事がひけると毎日のようにそこに集い、夜おそくまで話し込んだという挿話は羨ましいほど明るい。いずれにせよ、この一冊。大阪を舞台に、翻弄される一小新聞社の眼差しをとおして、戦後十年にわたる日本の新聞ジャーナリズムの動向を生々しく描き出した。大阪の地が、この種の悲哀をものみこめたというところも、興味深い。

人物プロフィール

あだち・けんいち（一九一三〜一九八五）

東京生まれ。詩人・小説家。国語教師、「新大阪新聞」勤めを経て一九五六年より文筆業。児童詩の雑誌「きりん」の編集や、立川文庫の研究でも知られる。晩年は大阪芸術大学教授など。一九八五年病気のため死去。

大阪・猪飼野、朝鮮市場

金石範《キムソクボム》『ことばの呪縛』

『ことばの呪縛』という本は、もう三十年近くも前、私が対立日本語という立場からいくつかの在日朝鮮人文学論を書いた頃、もっともよくテクストにした書物であった。あらためて手元において、急に時計の針が逆流しはじめるような気がする。当時、私はこの日本人の手によらない日本語文学を、私なりの日本人の側からの認識法として、そこに在日韓国（朝鮮）語という概念を設けて接近したいと思ったのだが、そのとき大きな示唆を受けたのがこの一冊であった。

この本の巻頭に、金石範は「一在日朝鮮人の独白」という、なかば自伝的、なかばドキュメント、なかば論文風の、在日朝鮮人私史ともいうべき長いエッセイを置いている。そのなかに「大阪・猪飼野、朝鮮市場」と小見出しのついた一章があり、独特な猪飼野論になっている。そこで、金石範はこんなことを言っている。

ふるさととはいったい何だろうと、小さいとき深刻に考えたことがある。私はふるさとという言葉のもつ内容の重さとその実体感を幼ないときには、どうしても把むことができなかった。

生れた土地がそうであると学校の先生はいうが、小さい心にも、大阪が故郷だとはどうしても感じられなかった。といって、故郷の他の表象が頭の中にあるわけでもなく、ただ青い海と空があり、小川が流れている。そんなところに自分の故郷が白い雲のようにすわっているのではないか……

小説『鴉の死』『万徳幽霊奇譚』などで知られる金石範は一九二五年（大正14）、この町で生まれた。その意味では、この欄の条件である浪速を往き過ぎる人ではない。引いた文中にあるように、生まれた土地がふるさとということになれば、朝鮮人であろうと日本人でなかろうと、その地がふるさと（日本人でなくとも大阪人ということ）になろう。金石範自身、「もともと私は大阪にいたのであり、大阪で生れた私は大阪・生野の猪飼野で大きくなったのである。そういうわけで、猪飼野は私の第二の故郷であると人にいわれれば、それを私は否定できない」といっている。

このような猪飼野。金石範の文脈から、この日本最大の朝鮮人の集落地を概括するなら、つぎのように説明されるはずである。

一九二三年（大正12）、済州島と大阪のあいだに直通航路が開通されたことが、済州島出身者を多く大阪に移住させるきっかけとなった。日本の植民地下、土地を奪われ仕事を奪われた人びとは、日本本土の下層の労働力として移住を余儀なくされ、その一部は、大阪生野区の平野運河開さく工事に従事、やがて家族とともにこのあたり一帯に定住することになった。当時、このあたりは都市の外郭部であり、市内で家を借りることのできない朝鮮人たちが、かろうじて居を定めることのできた地区だったわけである。一九二八年（昭和3）頃、大阪府にいた四万五千人の朝鮮人のうち一万人がこの界隈に住んだ。それが昭和の一九六〇年代に入ると、在日朝鮮人の約四分の一近くを占める一三万が大阪に住み、その大半が東大阪方面、おもに生野区に生活の基盤を築きあげるようになったといわれる。

そこで金石範はときたま大阪に行き、とくに猪飼野の昔から朝鮮市場《ジオソン》といわれた御幸《みゆき》通り商店街に入ると、理由もなくほっとすると書きとめている。そこはとおい海の海辺であり、素足を浸して歩き、そして潮騒とともに向かってくる原初の臭いをかぎ、自分の体臭がそれにかき消されるのを感じるところだという。そう感じるのは、そこでは朝鮮人の生活の原形が、何十年のあいだ、少しも損われずに守られてきたからである。そして、つぎのようにことばを継ぐ。

祖国は亡び、支配する国日本の中で、「皇民化」政策の網をすっぽりかぶされながら、朝鮮市場通りの店先にすわりつづけた物売りの老婆のようにじっと耐えながら、異国の中での朝鮮人の生活の基本は、厳然として守られてきたのである。「言語」や「姓」を奪われた彼女たちは、ふるさとの土着の言葉をしゃべり、その血について語った。習慣、風俗、それにまつわる生活必需品の中には、前時代的な、たとえば日本の法華にあたる祭祀《ジェサ》用の祭器にいたるまで封建的なものも含まれていたが、しかしそれ自体、民族的な伝統を主張するものとして現れ、それら

は決定的に「同化」への不融合要素となったのである

この核のようなもの、あるいはもっと深く原初的なともいうべきものが破壊されないかぎり、そこにいわゆる民族的コンプレックスなるものは発生しない。だいたいあの植民地時代においても、在日朝鮮人でいうならば、たとえば私の母の年代の女たちほど、コンプレックスと縁のない存在はなかっただろう

その通りだと思う。私自身はここで、柳田国男のいう常民を思わないわけにはいかない。いく千年の歴史過程を、親から子へ、代々その生活術を丹念に申し送りつつ、けんめいに生き続けてきた細民のことである。そのうえでこのエッセイをはじめて読んだとき、日本の朝鮮統治の時代、このような朝鮮人の生活社会を実現しえた大阪が、おかげでほんの少しほっとしたものにみえたのもほんとうであった。金石範は戦時中、日本の官憲が朝鮮市場の強制廃止を考えたことがあるのかどうか知らないが、といっているが、深いところでこの町を支えたのは、日本の側からみるかぎり、ここで語られる物売りの老婆と同じ日本人たちにちがいなかったとも思えたからである。

人物プロフィール

金石範（キム・ソクポム）（一九二五〜　）

大阪生まれ。十四歳の時、半年余りを済州島で過ごし、民族的自覚を持つ。一九四八年に

起こった「済州島四・三事件」をテーマにした『鴉の死』で作家活動に入り、全七巻の長編『火山島』で、大佛次郎賞と毎日芸術賞を受賞。主な著書に『満月』、評論集『転向と親日派』、金時鐘との対談集『なぜ書きつづけてきたかなぜ沈黙してきたか』など。

質屋の丁稚が見た戦時大阪

枡谷優『北大阪線』

今号は少々趣向をかえて、一般には地味であるが、なかなかユニークな気骨のある浪速物をかいた、枡谷優《ますたにまさる》の小説世界を紹介しておきたい。たまたま少年時代、義務教育を了えると、北大阪淀川べりにあったとある質屋に丁稚奉公して、戦争の深まりのなかで軍需工場へ徴用、満十七歳九カ月で兵隊に行くまでの、一九四〇年（昭和15）からの約五年を主題にした結果、言わず語らずのうちにバックボーンとしての大阪が浮かびあがったという、なによりも浪速をうがってかいていないことに惹かれたからである。

かんたんに作者を紹介しておこう。一九二五年（大正14）の生まれであるから今年七十八歳。戦後復員して十年ほどは故郷の吉野で山仕事に従事、以後、商社勤務のあと貿易業をいとなみ、現在にいたる。自営業に転じたあたりから小説をかきはじめ、第一回小島輝正文学賞を受賞した。私が今テキストにしているのは、二〇〇三年（平成15）夏刊行の三篇の連作を収めた作品集『北大阪編』であるが、その前にもう一冊短編集『馬』がある。こちらもペーソスに満ちた好短編集。

と、こんなわけだが、なんといっても興味深いのは、地の文自体のもつ語り口の洒脱さにある。

二月は質屋の端境期《はざかいき》である。人も物も動かない。財布も固くなっている。夜八時には人通りも途絶え、北風に煽られて路地を走る古新聞の乾いた音がする

とあって、そこへ常客のズケラこと瑞慶覧さんが入ってくる。「『おこしやす』ひょっとしゃっくりを繰り返した。相当呑んでる」

この路地を走る古新聞の乾いた音につづいて、入り口の戸車があき、「おこしやす」と大阪訛りがかぶさるところに、一九四〇年（昭和15）当時の下町の冬景色と、こんな日に質屋にたよらざるをえない庶民の暮らしぶりがひとつになる。そのすこしあとで、今度は六月のシーンがあって、「宵八時でもまだ電柱が長い影をひいている。淀川の堤の散歩から帰る人たちが、子供の手を引いたり、犬を曳いてぼくの店の前を通る」とあるから、店は堤防下の通り途にあるにちがいない。一九四一年（昭和16）に入ると、物価統制令や総動員令が施行されて、質草のほうもスフの混じった服や交織の銘仙が多くなり、質屋も安くなったが、逆に絹や純毛品は高くなった。そこに、ぎょっとしたくなる挿話がはさまれる。

この頃はスプリング刀といわれる新刀がよく質に入る。軍刀は十円均一である。流れると聖天通りの骨董屋『天龍子』が十五円で引き取る。『名刀なんかいりまへん。刃がついとればよろ

しい。人間が斬れたら』

ここで、なぜという背後関係が語られないところが、かえって時代のぶ気味さを感じさせる。それを聞いて、〈ぼく〉は「ぞくっと背筋が寒くなり、尻こぺたが粟立っ」たとあるが、事実そうだったろう。谷町あたりには内緒で軍隊のものを売っている店もあったらしいともいう。このあと、対米英戦争に突入して、週に二回、青年学校に強制入学させられて、皇国史観や軍事訓練を受けるようになると、この天龍子がいつのまにか剣道の教官になっていて、〈ぼく〉をびっくりさせる。主人に話すと、「うまくもぐりこんだな、徴用のがれか、校長に軍刀でも贈ったかな」と、裏取引があることをほのめかす。

さて、一九四二年（昭和17）秋も終わりの頃、〈ぼく〉は質流れ通知を配る途中、十三大橋にさしかかったところで、異様な光景に出会う。大橋の上から釣り糸を垂れていた人たちが三、四十人も、トラックの荷台にのせられて、憲兵に連行されているのである。時局をわきまえない罰として、砲兵工廠で作業させられると噂では聞いていたが、現実にみたものは、犯罪者をあつかうように手荒く、犬捕りのような険悪な空気であった。

風景という点では、中津で砲塔のない戦車の行進に遭ったというのも、戦時ならではの風景といっていいだろう。キャタピラが轟音を響かせ、天六のほうの造幣廠へ、軍需工場から納められるものであった。同じ日、帰りにまた中津の陸橋で、軍属に引率され、梅田貨物操車場へ行く、アメリカ人の捕虜の行列にも出会った。途中、公用腕章をした軍曹が通りかかると、突然六尺棒をもった軍属が、「歩調とれっ！　頭《かしら》左っ！」と号令をかけ、捕虜たちが部隊の敬礼をするのに〈ぼく〉はびっくりしている。この他、土手につくってある誰かの南瓜を盗んだとして、白い朝鮮服を着て座りこんでいる女の人を取りかこんだ、近所の長屋の人らしい男たちや、灯火管制を布かれた大阪駅前広場での、軍用列車に乗った兵士を見送る風景など、とぼけたようすながら哀切に描かれている。先にのべたとおり十八歳に満たずに兵隊になったのだから、この少年の眼差しに徹し切ろうとしたからであろう。つぎは入営を目前にした別れの風景である。

煤煙と油と馬糞で汚れている町並み、トラックが巻き上げる砂塵がうず高くつもっている窓枠、馬蹄の音、エンジンとダイナモのうなり、マシン油やペイントの臭い、北大阪線に沿った工場、延原製作所、日本ペイント、神戸電気、日本メリヤス、凸版のコンクリート塀、毛馬の閘門《こうもん》から淀川と平行に分流する運河にポンポン蒸気が団平船を曳航し、河底の藻が生き物のように揺れ、染工場では運河で洗った染物を幟のようにはためかせ、侘しい夜、停留場でシュッパタンとステップの音をたて、やがてウィーンウィーンとダイナモの電力を上げて行く路面電車。淀川をわたる機関車のするどい警笛、鉄橋をわたる轟音、北大阪線界隈、ぼくは再びここに立ち帰ることはあるまい

人物プロフィール

ますたに・まさる（一九二五〜二〇一三）

奈良県生まれ。四五年復員後、吉野で山仕事に従事。船場の商社勤務を経て、六五年より貿易業を営んだ。九四年から小説を執筆。「北大阪線」で第一回小島輝正文学賞受賞。

お人好しの新世界界隈

開高健『日本三文オペラ』

この、新世界とジャンジャン横丁というところは、まさに、年がら年じゅう夜も昼もなく、ただひたすら怒って騒いで食うことにかかりきっているようで、栄養と淫猥がいたるところで熱っぽい野合をしていた。娼婦、ポン引、猥本売り、めちゃな年頃の大学生、もの好きざかりの中学生、ヒロポンの切れた三白眼。ばくちに負けた奴。ひとの財布を狙う奴。頭にいっぱい淫らな幻想のかけらをつめこんだ工員。毛のついた内臓を生のまま頬張る人夫。なにやかやらが血と精液の充満したぼうふらの群れのようにひしめきあっている。ニタニタ笑い、コソコソささやき、ギラギラにらんでいる

開高健『日本三文オペラ』の一節。この小説、一九五九年（昭和34）に「文学界」に連載され、饒舌体でありながら、織田作之助ともひと味ちがう、コピイ・ライティングに新手一生の俳諧精神、そのうえに独特なスピード感を折りまぜた文体で、当時大いに話題を攫った、開高型新型製品のひとつであった。

紹介したのは冒頭、主人公のルンペンのフクスケが登場するシーン。だが、この小説は新世界が主舞台ではなく、当時廃墟になったまま放置されていた、JR環状線沿いの現在の大阪城公園一帯が主役。この四〇万平方米におよぶ当時陸軍砲兵工廠跡で展開された、スクラップを略奪しながらスリリングなその日暮らしを送っていたアウトローの小集団、自称〝アパッチ族〟の物語であった。

それにしてもこの小説、戦後のいったいいつ頃に設定されているのだろうか。

「獰猛なススキの茂みのかなたに鉄骨の赤い森がつらなり、見わたすかぎりの視野を、雑草と、折れた煙突と、煉瓦壁、穴、裂けめ、小山、コンクリートの牙などが蔽いつくし」ていた。フクスケが薄明のなかにはじめて見た魔窟の跡を小説のなかからたどっていくとつぎのようになる。

サンフランシスコ講和条約後、廃墟自体は国有財産となって財務局の管理となり、近くの大阪城は夜になると十時までカクテル光線を浴びるようになり、さらに役員たちのあいだには、四〇万平方米を公園にしようということになったとあるから、これはもう戦争直後とは相当時を拒てた、昭和三〇年代に入ってからと思ってよいだろう。

事実、開高自身も、この作品を書くにあたっては、「妻の友人の朝鮮詩人の金時鐘がもとアパッチ族で、手をとり足をとりして教えてくれた」と語っており、その金時鐘の長年の弟分である梁石日が、『修羅を生きる』という自伝風青春譚で直接言及しているので、素材としての日付は特定できる。ついでながら、このほんとうのアパッチ族発生の地は、京橋駅と森の宮駅のあいだにあった、平野運河の延長線の猫間川に沿った朝鮮人集落。集落のすぐ側を城東線（環状線）が走り、猫間川の対岸が問題の造幣廠跡であった。ここに梁石日の義兄が住んでいたことから、ここの住民たちが組をつくり、班を構成し、伝馬船で川を渡って鉄塊を掘りおこしてきて屑鉄屋に売っているのを知り、金時鐘、梁石日、梁石日の義兄らも、一班五人で三班を編成し、伝馬船を調達して、仕事をはじめたというのである。彼らがはじめたのは朝鮮戦争が終結して五年とあるから一九五六年（昭和31）二月中旬、再三にわたる警官隊との大攻守戦の末、ついに壊滅するのは二年後の一〇月、開高が妻の牧羊子の手づるで、金時鐘たちのところへ取材に来たのは、それからまもなくであったというから、開高の意識のなかに、これと同じ時代があったことはいうまでもない。

ここで、小説にもどると、集落はつぎのように説明される。

いまの湿疹部は平野川をわたる城東線の鉄橋の脚部から発生して、荒地の対岸の岸辺一帯にほぼ一〇〇軒、人数にして八〇〇人前後の人間が鶏小屋のような土の腫物のなかに住んでいる。もっとも、この部落の人口というのは、定数ではない。なぜなら、かなり多数にのぼる定住者もあることはあるが、さらに多数の人間は前科者、浮浪者、失業者、密入国者などであって、たえず風のように来ては水のように去ってゆき、外から見たのではなにがどうなっているのかまったくわからないここまで書いて、はじめにもどる。昭和三〇年代はじめと想定したうえで、私にはどうも、開高のこのジャンジャン横丁の描写が、戦争直後の闇市場時代とまったく同じに見えて仕方がないのである。

なるほどジャンジャン横丁の荒廃ぶりは私にも懐かしいものだが、これほど廃《すた》れたものだったのか。

この時代、実質はともかく、「もはや戦後は終わった」と経済白書が高らかに宣言したのは一九五六年のことだった。そして新世界では、戦時中に解体された通天閣が、地元の人たちの出資によって設立された通天閣観光会社によって、再建されることになったのである。

興味深いのは、今、私がテキストにしている講談社版『われらの文学』の解説でも、解説者のいいだももが、「終戦後のどさくさにまぎれて」と書いていることである。舞台となった集落はともかく新世界はこれでよかったろうか。

人間ならば侮蔑だ、差別だともいいたくなるところを、にこにこしながら見逃した新世界が面白くてならない。お人好しといったゆえんである。

人物プロフィール

かいこう・たけし（一九三〇〜一九八九）

大阪市生まれ。五八年『裸の王様』で芥川賞受賞。以来、『流亡記』など話題作を次々に発表。六〇年代にはしばしばヴェトナムの戦場に赴き『輝ける闇』『夏の闇』などの作品を書く。七八年『玉、砕ける』で川端康成賞、八一年一連のルポタージュ文学により菊池寛賞、八六年自伝的長編『耳の物語』で日本文学大賞など、受賞多数。

辛口・大正期大阪風俗誌

水上瀧太郎『大阪の宿』

水上瀧太郎は本名阿部草蔵。一八八七年（明治20）、明治生命創業者の四男坊に生まれ、一九四〇年（昭和15）、同社専務取締役在任中に五十四歳で亡くなった。会葬者一万数千名に達し、三月、「三田文学」も追悼号を臨時増刊として刊行、島崎藤村、横光利一、尾崎士郎、井伏鱒二など百五十人近い人びとが心のこもった追悼文を書いた。人間水上瀧太郎の人柄が偲ばれよう。

明治当初の開明的かつ厳格な知識人家庭に育ち、そのまま儒教的な倫理を根底に生涯を送った、典型的な上層明治人であった。祖父以来の福沢諭吉の門でそのまま慶応コースをたどり、その縁で、一九一〇年（明治43）永井荷風を主宰のひとりとしてスタートした「三田文学」にくわわり、のち三田系の中心的な作家となった。

この水上は一九一七年（大正6）十一月から一九年十月まで約二年間を、明治生命の大阪支店副支店長として大阪で暮らした。この間はじめの半年を天満橋南の大阪城近くの下宿に住み、残りを土佐堀川河岸の照月旅館で過ごした。そして前者の時期を舞台に長篇『大阪』を、三年後に後者を舞台に『大阪の宿』を書き、のち、この二作が代表作と見做されるようになった。ここでは

『大阪の宿』を眺めたいが、特徴はやはり、東京生まれでも飛び切り上等の山の手に育ち、ヨーロッパ留学体験も経た、ふくよかなブルジョアジー（反俗物主義、権力に迎合しない個人主義）の眼差しで見た、多少はシニカルな大阪人風景ということになる。

「三田の長篇小説『贅六』が完成したのは八月の末だった。大阪に舞台をとって、大阪といふ商業都市と、大阪人といふ金儲中心の特殊の性格に、多少皮肉な批評を浴びせながら、表面は写実的描写を以て、都会の日常生活の幾場面を展開したものである」

『贅六』とは『大阪』のことと考えてよい。実際には東京にもどってから書かれたが、この作のなかでは在阪中に書かれたことになっている。面白いのはここで『贅六』という題名になっていることである。贅六、江戸時代からもともと関西人にたいする蔑称としてつかわれた用語だから、ここはかなり辛辣な意志がはたらいているといってよいだろう。

そんなふうに見ていると、冒頭の風景描写も微妙といえばじつに微妙である。

夥しい煤煙の為に、年中どんよりした感じのする大阪の空も、初夏《はつなつ》の頃は藍の色を濃くして、浮雲も白く光り始めた。
泥臭い水ではあるが、その空の色をありありと映す川は、水嵩も増して、躍るやうなさざ波を立て、流れて居る主人公三田がこれから暮らすことにした、土佐堀川岸の旅館酔月の二階から、引っ越して二日目の日曜日に見る風景であるが、紹介した文から、夥しい煤煙と泥臭い水の二つを取ると、ごく平凡な渓流の風景に変わるからである。もっともここは、「樹や草の少ない大阪の町は、東京程はっきりと秋の景色をあらはさないが、それでも土佐堀の水も澄み、酔月の二階に照つけた西日の色も日に日に薄くなって来た」というふうに、水上の感じた、樹や草の少ない大阪の町をかぶせるほうがよいかもしれない。

さて、この物語、ここから酔月を舞台に、前作『大阪』からお馴染みの、車輛会社の友人田原や北の新地の芸妓蟒《うわばみ》ことお葉らに、新しく月極めの客で放埓な医者や女ぐせのわるい会社員、三人の女中、磊落な性格で嗅天下のおかみ、針仕事をして生計をたてながらひそかに身を売って病気の父を養う娘、身投げを助けられた女など、さらに朝の出勤時間にすれちがう娘にたいする淡い恋ごころなどを織りまぜながら、一種絵巻物風に展開する。この間一貫して三田が傍観者的なのは、そこはすでにのべた作者の毛並みのよさもふくめた気質的なもの、ゆえに自然態と見てよい。興味深いのは今のべた酔月の登場人物たちにたいして、汚ならしいしまりのない口のきき方をするじいさんだとか、淡紅色《ときいろ》の腰巻の下からずんとの足がぶよぶよと波を打ちそうな女だとか、かなりきわどい描写をしながら、最後、東京にもどるにあたっては、月極めの客以外の人びとは全員自分が招待して別れの宴を張るほどだから、ここではかなりの親近感をもっていたといってよい。

その逆に、同じ月極めの同居人となった工業会社の出張所長という会社員には、最初にむこうから話をしたいと申し込んできたにもかかわらず、一方的にことわってしまう。それればかりか、最後は自分の上司の支店長の供をして出かけたお茶屋で、酒癖のわるさから蟒とよばれる芸妓に、支店長の頭に酒をぶっかけさせ、それで東京にもどる原因にしたりするのだから、水上瀧太郎という純東京産の実業家兼作家は、企業家へたいしてではなく、いわゆる大阪商人タイプが、「大阪式の目先の金儲けばかりを考へて居る連中は」というように、徹底して肌に合わなかったようであった。そこで、つぎのようなラストシーンとなった。

うす汚なく曇った空の下に、無秩序に無反省に無道徳に活動し発展しつつある大阪よ、さらばさらばといふ様に、煙突から煤煙を吐き出しながら、(汽車は)東へ東へと急送した

人物プロフィール

みなかみ・たきたろう(一八八七〜一九四〇)

東京都生まれ。早くから泉鏡花、永井荷風にあこがれ、大学在学中『三田文学』に小説を発表、久保田万太郎とならぶ三田派の新進作家と注目された。米英仏に留学後、一九一六年明治生命に入社、専務取締役まで昇進したが、生涯実業と文学を両立させた。代表作は長編『大阪』(23年)、『大阪の宿』(26年)、随筆集『貝殻追放』(20〜41年)。

一九三九年大阪市役所の野間宏

『青年の環』の背景

戦後文学の代表的な作家であった野間宏は、一九七〇年（昭和45）、日本文学としては稀有の八千枚をこえる長篇『青年の環』を完成させた。「近代文学」への連載がはじまったのは、戦争が終わってまもない一九四七年（昭和22）だったから、途中中断があったとはいえ、じつに二三年をかけての労作であった。その第五部まで（最終的には六部となった）四巻本として刊行されたとき、桑原武夫が帯に「泥濘の地平に霧の中から重戦車四台がゆるゆると進出してくる壮観」とかいていて、手にした私なども、なるほどなるほどと思ったものである。

といって、この小説の時間は、一九三九年（昭和14）の梅雨どきから、わずか三か月があつかわれたにすぎない。にもかかわらず、『青年の環』という作品の前には、未解放部落の問題、戦争の問題、家の問題、性の問題、生死の問題などという、いろいろの問題が置かれている。それらの問題を私は小説によって、小説を書くということによって問いつめて行かなければならなかった」（「小説の全体とは何か」）と、野間宏自身が語るとおり、作中人物とその人物たちの状況のすべてが、そのみじかい時間のなかに集中するという、その濃密さにおいてもドストエフスキーを思わせる、重戦車級の作品であった。

その主人公が矢花正行という、大阪市役所の社会事業部のなかで、融和事業を担当している青年である。融和事業とは当時市役所内では部落融和事業であったことから、矢花は必然的に差別の現実を直視し、解放運動にたずさわる人びととふれあい、そのなかで融和事業を推進していくことになり、いきおいこの小説は、被差別部落の問題を大きくクローズアップさせる作品になった。

周知のとおり、野間宏は一九三五年（昭和10）に京大仏文科に入学、学内にあった非合法の左翼組織「京大ケルン」や「人民戦線」にくわわった。その体験が戦後のデヴュー作となった『暗い絵』に結実したことはよく知られている。その野間は三八年春卒業するが、そんな彼を受け入れる会社はなく、せめて労働組合運動のなかに職を求めようとするが、それさえ思うようにまかせなかった。たまたま当時政府から見て、学生が悪くなりつまり左傾するのを防ぐために、京都や大阪の市役所の社会部に日雇いで雇い入れるという制度があった。そこで願書を出したところ、大阪市と京都市の両方から採用通知があり、大阪のほうが社会部を通していろいろなことが体験できるのではないかと考え、大阪市役所に入り、融和係になったと、後年みずから語っている。

日本の水平社の発祥の地は奈良だが、この時代、事務所は大阪の西浜の地にあった。

一九三八年（昭和13）夏、折から日華事変の深まりのなかで、部落産業の中心である皮革にたいしても物資動員による経済統制が強められ、部落の中小企業からは失業者が続出、靴履物業者、靴修繕業者らも営業不可能の状態が生じた。このとき、ここには水平社創立以来の活動家松田喜一がいて、この人たちを組合に組織して、これらの人びとの日常生活のたて直しをやるための経済更生運動を展開する。

野間宏はこの松田喜一と出会い、市役所の一吏員の立場からこの運動に協力し、やがて、市吏員の枠をこえて友人として協力するようになる。この頃、市内には浪速区、西成区、旭区、北区、東淀川区、西淀川区等十四か所に部落があったが、そのぜんぶを一人で担当、このうえにセツルメント事業、厚生館事業もうけもっていた。市役所では野間がこの仕事に精力を尽くすのが理解できず、係長や課長は「融和の神様」とあだ名をつけ、「やがて、地区（部落）に野間君の銅像がたちまっせ」というような言い方もしたと、述懐しているが、これらの経験が『青年の環』には刻明に描かれることになった。松田喜一も島崎という浪速区経済厚生会の会長として登場し、最後のクライマックスで大きな役割を果たすことになる。つぎは小説のなかの当時の西浜の描写である。

今宮驛横の大きな踏切りを南に渡ると街の空気は鼻をつく皮革の匂いでみたされる。この獣の皮の匂いは、皮革をなめす薬品、染料の化学的な臭気と混り合って強烈に人間の鼻を刺激する。どんよりとくすぶった匂い、はきだめの塵埃を焼きはらう匂い……いろいろな臭気は街なかの大きな皮革工場から、製靴工場から、皮革倉庫から、皮革問屋から発散し、この日本最大の皮の街を蔽っている。

主人公の正行は、この匂いが差別を生むひとつの条件とかんがえ、この臭気を消しとる薬品のことを思ったりする。

野間宏は一九四一年（昭和16）入営。北支、フィリッピンに従軍。いったん帰還するが二年後には補充兵としてふたたび兵役につき、その間治安維持法違反に問われ大阪陸軍刑務所に服役した。戦後、この体験を『第三十六号』等の作品に書いた。また、兵役中、巡察将校の金入れを取り、軍法会議で判決をうけて降等された兵士の判決文をよんだことがあり、それをきっかけに『真空地帯』を書いた。

思想的に大阪をとらえたという意味では野間宏の右に出るものはいないだろう。一九九一年（平成3）一月没。私は「悲しい朝」という追悼文を書いた。

人物プロフィール

のま・ひろし（一九一五〜一九九一）

兵庫県生まれ。四六年『暗い絵』で注目をあつめる。五二年『真空地帯』で毎日出版文化賞、七一年に完成した『青年の環』で谷崎賞およびロータス賞（アジア・アフリカ作家会議）を受賞。「狭山裁判」の貴重な記録ものこす。

社会主義者堺利彦を育んだ大阪

『堺利彦伝』から

堺利彦といえばあの明治の日露戦争時、新聞「萬朝報《よろず》」によって内村鑑三、幸徳秋水らと共に非戦論をとなえ、同社が開戦派に転じたあとは、秋水と週刊「平民新聞」を出してその意志をつらぬいた人として知られる。秋水といっしょにこの国ではじめて『共産党宣言』を訳した人として知る人も多いだろう。

その堺に社会主義者になる以前の自分の半生を語った『堺利彦伝』というのがある。一九二六年（大正15）に本になった。このときの序が面白い。「私は『日本共産党事件』のため、禁錮十月（未決通算百二十日）の刑を受けるべく、今日入獄します。その前に、この自伝を全部書きあげる腹案でありましたが、ヤット前半だけしかまとまりませんでした」とあって、大正十五年六月二十日の日付がついている。

堺は一九三三年（昭和8）に亡くなるが、このときは大正期のぎりぎりまで書くつもりだったのだろう。結局これは書き継がれることなく、これはこれで完結したものとして、私はいま中公文庫版で見ている。士族身分がなくなった直後の時代の、地方の元下級武士の生活ぶりが克明に描かれ、書きっぷりも明るく湿っぽさがなく、「社会主義者という一定の型にはまった堺利彦よりも、人生の紆余曲折を経て時代の変遷と趨勢に眼が開けて行く過程の方が、自由でスッ裸で在るがままの生活記録として一層興味がある」という荒畑寒村の文庫版解説は的を射ている。そして全体を六期に分け、うち第三期（上）（下）を大阪時代とした。

福岡県豊前《ぶぜん》国京都《みやこ》郡豊津《とよつ》という田舎の、貧乏士族の末裔の三男坊がどうして上京して一高にまで入学しえたかについては、中学校第一等の成績になったおかげである素封家に養《もら》われ、とだけであとは省く。だが、ここで飲むことと遊ぶことをおぼえ、りっぱな放蕩者になって月謝不納のゆえをもって学校から除名されたことで養家をおわれ、他方、次兄が逍遥の『小説神髄』の随喜渇望者であったことなどで文学に関心をもつようになっていた堺は、長兄の急逝でハタチの年、懐には紅葉の『二人比丘尼色懺悔《ふたりびくにいろざんげ》』一冊入れて帰郷、これが在阪の伏線となった。復籍して家督を継いだが、同時に両親の扶養義務もついてくることになり、そこで次兄が大阪に行って「花かたみ」という小説の雑誌を出していたことから、ともかくその縁故をたどって大阪に出ることにしたのである。だがこれには別の伏線があり、当時の大阪府知事は建野郷三という豊前人であったこと、そのため多くの豊前人を大阪に連れてきていたこと。そのうちには堺の親戚筋もいて、それが東成郡役所につとめていて、その縁で天王寺小学校に就職したことなどである。こうして堺は天王寺の東門外に一軒の古家を借り、国から父母を迎える。

逢坂を降りて今宮を出ると、今の『新世界』のあたりが一面の畑だった。ただその間に『商業倶楽部』という廓の遊園地があり、また一心寺のすぐ下の処に『丸万』という料理屋が新しく出来ていた。逢坂の下には綺麗な清水があって、浦橋の娘たちや子供たちがよくそれを汲みに行くのであった。夏の夕暮など私はほとんど毎日その辺《あたり》を散歩していた。天王寺から谷町筋を北に何町か行くと、生国魂神社、高津神社などがある。その辺までの処が私の天王寺生活の、言わば縄張り内であった。

ここに出てくる浦橋とは、堺の祖母の実家で、むろん豊前からの引っ越し組のひとりであった。ついで道頓堀、心斎橋筋、中之島公園は名所であっても、とくに自分の親しみを感ずる土地ではなかったと書いている。つとめに出た小学校については、三十五、六歳のヤリ手の校長、神主でもあった主席の訓導のことなどくわしく書いていて、また、天王寺村の村長や助役も出てきて楽しそうだ。同時にこの時期、俳句、短歌、古典、江戸文学にも馴染んで、「枯川」という号ももつ。飲み仲間はこれら学校の仲間たち。そこで東京時代の放縦がもどって、父母を養わねばならないのに借金だらけになり、土佐に雲隠れしたりした。こうして三年たって新聞記者になり、小説なども書くようになる。折から東京で「国民之友」に寄稿するなど名声を挙げていた西村天囚が大阪朝日にいて、一八八九二年（明治25）に発足した「浪華文学会」の中心になっていたために、堺の大阪時代の後半は、この会の会員になっての活動で彩ることになった。丹念に人物名が出てくるが、いま私にわかるのは、そのなかで最年少であった上司小剣《かみつかさしょうけん》ぐらいだ。文学もまた大阪では黎明期だったといっておいてよいだろう。「なにはばた」や「浪華文学」など雑誌もいくつか出て、大阪文学界もかなり賑やかだったと堺はしるしている。このあたりも実にのびやかに綴っている。保安条令で東京を逐《お》われて、大阪に来て新聞を出していた頃の中江兆民の奇矯な逸話や、「大阪では一つのまじめな恋があった。それが私の初恋だと言ってもいい」といいながら、その女性の姿かたちにはひと言もふれないところもいい。そういえば足立巻一の『立川文庫の英雄たち』のなかでも堺枯川の名があったな、と思ってあたってみたら、当時心斎橋にあった駸々堂が出していた『百千鳥』という雑誌の第二巻第一号の広告のなかにあった。堺枯川『破れ羽織』で新探偵小説のひとつになっている。こんなものを書いていたのだ。

そして最後につぎの一点、「およそ大阪へ来る他国人で早く大阪言葉を使いなれる者でなくては、成功は駄目だという語があるが、それは確かに当ったところがある」とのべたところで、自分は「大阪生活の五、六年間、大阪言葉には少しも親しむことが出来ない」とも言った。堺利彦が東京にもどったのは、大阪で母の野辺送りをすませてからであった。思想家堺利彦は大阪言葉に馴染まないまま東京にもどった時からはじまった。

人物プロフィール **さかい・としひこ**（一八七一〜一九三三）

一高を中退し、教員、記者を経た後、社会主義運動に入り、日本社会党の結成に参画し、さまざまな経過を経て一九二一年日本共産党初代委員長に就任。その後共産党からは離れたが、死ぬまで戦争反対を叫び続けた。

横山源之助『日本の下層社会』と大阪

横山源之助は最晩年の樋口一葉日記にも登場する。少壮の新聞記者で、貧民問題についてすぐれたルポルタージュを書いていた源之助を、「大つごもり」「にごりえ」「十三夜」「たけくらべ」を書きあげて、ようやく女性の、男性や世俗にたいする抵抗心を題材に取りあげるにいたったこの時期の一葉は、いったいどんなふうにどんな話をかさねたろうか。

一葉が小説を通すだけではなく、下層社会の貧しさに苦しむ人びとの暮らしぶりに同情をよせ、その救済についても関心をもっていたことは、今ではよく知られている事柄である。源之助が毎日新聞に入社したのは一八九四年(明治27)十二月、日清戦争のさなかであった。彼は最初の探訪記事を、郷里富山県魚津に取材した「戦争と地方労役者」でかざり、以後、下層社会を、従来の貧民窟、職人社会、手工業者、小作人の枠組みに留めることなく、産業革命期のもと、新しく勃興しつつあった工業工場労働者の生活実態をも視野におこうとしていた。源之助は一葉がまだ見ることのなかった世界について熱心に語ったにちがいない。『日本の下層社会』一巻はまさにその集成であった。

源之助のこの労作は、一葉が逝って三年目の一八九九年（明治32）四月に刊行された。その最後に彼はこう書きつけた。

偏頗《へんぴ》なる社会、不公平なる社会、黄金は万能の勢力を有して横梁跋扈《おうりょうばっこ》する社会には余輩《よはい》は歓んで社会問題を迎へんとす。余輩は読者と共に今日静かに日本の下層社会を研究し、斯《こ》の問題を提《さ》げて今日政治社会の腐敗を叶破《きょうは》し平民政治を聞きて下層社会の幸福を謀《はか》らん

二年間心血を注いでの文字どおりの労作であった。刊行した年の夏には一時郷里の魚津に引っこむが、すでに倒れんばかりであったと伝えられる。折からこの時期は、この国ではじめて開花した労働運動が、これまた最初の昂揚期を迎えていた。

源之助は一八九一年（明治24）ごろからは幸田露伴、川上眉山、嵯峨《さが》の屋《や》お室《むろ》、内田魯庵、二葉亭四迷、木下尚江ら、文学者のあいだに知己をうる一方、片山潜、西川光治郎ら社会主義者との接触もはじめていた。『日本の下層社会』の刊行を急がせたのも、あるいは切迫した内面の危機意識にあったといっていいかもしれない。

さて、この本で源之助は、鉄工場、綿糸紡績工場、織物工場、生糸工場、燐寸《まっち》工場など、この頃の代表的な工場の労働状態にメスを入れた。当然のことながら、大阪は重要な調査対象地域になった。ここでは、詳細をきわめた報告に言及する余裕がないので、点描された二点ばかりにつ

いて紹介する。

大阪市でもっとも繁華な地といわれる心斎橋通りを過ぎ道頓堀に出、難波新地（遊廓）をかたはらにして今宮村に通じる道路がある。これこそは大阪市民にはなが町とよばれ、つねにいみ嫌われる大阪貧民の居住地、日本橋通り、名護町である。……これを当局者に問うたところ、一八八一、八二年までは名護町の醜状じつに言葉にいいあらわせないほどであったが、マッチ工場等が出来たこともあって、少しは醜状を減らし、八八年になって警察が整備され衛生が行きとどくようになって、不潔家屋も退去させて、今日のように他の市街と変わらない状態になった……。だが、源之助が実際に目にしたものは、「名護町の一部なる日本橋通五丁目の路次《ママ》に入れば、路次口広く家屋は概ね新らしけれど、年若き女は前垂を下紐に代へ眞ッ裸体になりてどすくろき脣を開いて語らへるもあり、此のあつさに袷の破れたるに細帯せる顔真青なるが悄然路上に立てるあり……」という有様であった。

また、「大阪の慈善家」では小林授産場という、大阪市民にもっとも名を知られた施設を取材して、その実体が一枚三銭の軸並工賃を一日四〇枚も仕上げるものがいるにもかかわらず、ことごとく施設側が没収して、あらためて十枚につき三銭を積立（本人にはその三銭も渡さないということ）するだけと、そのほか怖るべき児童虐待のことなど、赤裸々に記述している。


食物は朝夕粥にして菜は漬物、昼飯は南京米に有り合せの汁を與ふるのみ八十二名の入居者中十五歳以下が五十人。これが大阪の著名な慈善事業の実体である。工場関係では、全国の紡績工場を調査して、十一歳以下の幼年職工は大阪府がいちばん多いという指摘も興味深い。

源之助は『日本の下層社会』を書きあげたところで新聞社を退社したが、一九〇〇年（明治33）になると、農商務省がおこなうことになった工場調査に嘱託としてくわわった。この結果一九〇三年同省の手で編まれたのが『職工事情』五巻であり、官製にもかかわらず、中立的かつ客観的な柔軟な調査報告書として、今日でもなお評価はひじょうに高い。これらの努力があって、わが国最初の工場法が一九一一年（明治44）に制定されたのである。

源之助は一九一五年（大正4）四十五歳で亡くなるまで、多面的に文筆活動を展開したが、終生、社会・労働問題解決を主題からはずすことはなかった。彼が亡くなったとき、古い知友であった内田魯庵は、「陋巷《ろうこう》に窮死した」といったという。下積みのもののために徹し切った生涯であった。大阪に残した彼の足跡を思わないわけにはいかない。

人物プロフィール

よこやま・げんのすけ（一八七一〜一九一五）

社会問題研究家。明治四年富山県魚津に生れる。同十九年頃上京し英吉利法学校を卒業、二七年東京日日新聞社に入社、社会探訪、工場視察等の記事で文名をあげた。明治中期の労働者の姿を網羅的にとらえた『日本の下層社会』（明治31年刊）は、社会学の古典として名高い。大正四年四十五歳で死去。

織田作之助の死に寄せた坂口安吾の「大阪の反逆」

坂口安吾と織田作之助といえば、敗戦直後の混迷した世相の時代、石川淳、太宰治と並んで、新文学の旗手としてひときわ大きく輝いた作家たち。だが、織田作からみると、彼らがぐたい的に交わった時間はそんなにあったわけではなかった。年譜（青山光二編）に、『土曜夫人』の舞台が東京に移るに先立ち上京、銀座裏佐々木旅館に宿泊、訪客に忙殺されつつ執筆をつづけた。はじめて林芙美子、坂口安吾、太宰治と相織った」とあるのは、死の二か月前の一九四六年（昭和21）十一月のことで、その直後の十二月、「可能性の文学」を書き終えると同時に大量の喀血をし、絶対安静を命じられているから、これはもうほとんどなかったといっていいだろう。

こんな状態のなかで、織田作の死の直後にかいた安吾のエッセイに「大阪の反逆」がある。同じように太宰の死をめぐってかかれた「太宰治情死考」「不良少年とキリスト」にくらべると、秘話めいたりプライバシーに属するものがまったくないのも、交わった時間がこんなふうだったのだから、これはやむをえない。その分、織田作の文学を語ったものとしてはムダがなく、すっきりして、生前の織田作が展開した「大阪の可能性」や「大阪論」にたいする、シャープな異議申し立てとなった。そんなわけで今回は多少趣向をかえて、安吾の織田作批判に耳をかたむける。というより、「織田は悲しい男であった。彼はあまりにも、ふるさと、大阪を意識しすぎたのである。ありあまる才能を持ちながら、大阪に限定されてしまった」という安吾の指摘に私は惹かれる。その惹かれるところをそのままかきとめておきたい。

先にのべた、織田作が死の直前にかいた文学エッセイ「可能性の文学」は、志賀直哉を頂点とするそれまでの純文学、心境的私小説の全面否定として名高いが、ここで展開の枕としたのは、同じ年の七月に亡くなった「王将」で名高い大阪の棋士坂田三吉が晴れて東京へ出て、木村八段（のちの名人）と対局したときに用いた、最初の一手に九三の端歩を突いたことであった。織田作はここで、定跡に挑戦することによって将棋の可能性を拡大したとして、旧式の定跡から一歩も出ない老大家の日本文学批判の手がかりとする。この発想を安吾は織田作の衒気《げんき》ととる。織田作には講演会で客席の灯を消させ、壇上の自分にだけスポットライトを当てさせながら一席ぶつという奇態があったり、座談会の速記に読者を面白がらせるためのたくさんの加筆をしたり、一種のハッタリ芸があったが、そのすべてを衒気として、さらに徹底した戯作根性としても承認するのである。そのうえで、この木村名人が、双葉山は敵の声で立ち上がり、それが横綱の貫録だったと評されるのにたいして、それはどうかと思う、将棋では序盤に位負けすると最後まで押されて負けてしまう、とのべている点を援用して、この木村名人の心構えのほうが当然だという。そこで坂田三吉の奇手も衒気とならねばならないのだが、織田作はここから、大阪人といふものは一定の紋切型よりも、むしろその型を破って、横紙破りの、定跡外れの脱線ぶりを行ふ時にこそ真髄の尻尾を発揮するのであって、この尻尾をつかまへなくては大阪が判らぬと思ふ

（「大阪の可能性」）

というところへ走りはじめた。走りはじめるというより、織田作のひいきの引き倒しなのだが、安吾はここを「一大阪の地盤によって篤されるべきものではない」と一蹴し、こうのべる。

織田の可能性の文学は、ただ大阪の地盤を利用して、自己の論法を展開する便宜の具としてゐるまでの如くであるけれども、然し、織田の論理の支柱となってゐる感情は、熱情は、東京に対する大阪であり、織田の反逆でなしに、大阪の反逆、根底にさういふ対立の感情的な低さがある

ついでながら、ここでは「堕落論」の作者のおどろくほどの正鵠性、合理性をも見ておかねばなるまいと思う。安吾が織田作の衒気を戯作者のものとしたのは、ここから文学の相としての織田作を凝視したからであった。

安吾は文学者が戯作者であるのはあたりまえという。なぜなら、文学の魅力は、思想家がその思想を伝えるために物語の形式を借りるのではなしに、物語の形式でしかその思想をのべえない

資質的な藝人の特技に属しているからである。つまり小説とは、思想家と戯作者が同時に存在している表裏一体となっているものだが、日本文学がくだらないのは、この戯作者の自覚が欠けているからだとのべ、あとは織田作と同じ志賀直哉批判へと結びつけた。

安吾は当時ジャーナリズムで流行していた大阪の反逆なるものは馬鹿げているとし、織田作にたいしてもこの視点から、反逆は大阪の性格、大阪の伝統のごときものではないといった。大阪は東京に対立して、在来の日本思想の弱点に気質的な修正をあたえうる一部の長所があるにしても、たかが一つの都市に過ぎないではないかという。そのうえで大阪の商人気質、実質主義のオッチョコチョイを戯作者根性として、文学者にとって表裏一体の欠かせぬ一面だといった。死者を鞭打つような安吾のこの織田作論は、織田作のいち早い死と死による挫折をふかく惜しむ立場から書かれたものであった。

織田作は東京に移るや二か月足らずで死んでしまったが、私自身は東京に行ってからの織田作をもう少し見たかったという気がしてならない。

人物プロフィール

さかぐち・あんご（一九〇六〜一九五五）

一九〇六年（明治39）、新潟市の大地主の家に生まれる。東洋大学印度哲学科卒業後の一九三〇年、アテネ・フランセの友人たちと同人誌を創刊、三一年に発表した「風博士」が牧野信一に激賞されたのを機に文壇に認められていく。戦後四六年に発表した評論「堕落論」

と小説「白痴」によって、一躍流行作家になった。一九一三年（大正2）生まれの織田より七歳年上で「大阪の反逆」執筆は四十歳のとき。五五年脳出血のため永眠、享年四十八歳。

暑い大阪の夏が生んだ漱石の『行人』

梅田の停車場を下りるや否や自分は母から云い付けられた通り、すぐ俥を雇って岡田の家に駆けさせた

にはじまる『行人』を、漱石が朝日新聞に書きはじめたのは一九一二年（明治45）一二月。その後三度目の胃潰瘍で中断して、翌年九月から終章にあたる「塵労」を掲載した。このため、大阪を舞台にした漱石の小説ではゆいいつとなったこの作品は、長さのうえでもこれまでにないものになった。

その前の年の八月、もっとも暑い盛りの時期に、漱石は大阪朝日の招きで関西各地を講演旅行した。この時の堺の印象は、すでにこの欄で紹介した。それ以前にも子規と来たり、長谷川如是閑に連れられて浜寺へ行ったり、漱石はなんども大阪に来ていくが、その翌年に取りかかった『行人』が大阪を舞台にしたのには、やはり前年夏のこの旅行が大きく作用したのはまちがいなかろう。なぜなら、この物語は語り手の二郎一家崩壊の悲劇であるが、その端緒は暑い大阪の夏にな

っているからである。

実際其頃の大阪は暑かった。ことに我々の泊ってゐる宿屋は暑かった。庭が狭いのと塀が高いので、日の射し込む餘地もなかったが、其代り風の通る隙間も乏しかった。ある時は湿っぽい茶座敷の中で、四方から焚火に焙られてゐるやうな苦しさがあった。自分は夜通し扇風器を掛けてぶう〳〵鳴らしたため、馬鹿な真似をして風邪でも引いたら何うすると云って母から叱られた事さへあった

こんな暑い大阪に二郎一家を誘ったのは、母の遠縁にあたる天下茶屋に住む岡田であるが、二郎自身は「自分は彼が果して母の何に當るかを知らずに唯疎い親類とばかり覚えてゐた」程度に過ぎない。ただ岡田は大阪に職を得たあと、二郎の父の属官の娘のお兼さんを「奪ふやうに」細君にしている。そして今また、二郎の家の遠縁のお貞さんの縁組に奔走し、そのために二郎が、さらには母と兄夫婦も大阪へ来る段取りになったのである。このお貞さんは、二郎一家にとってもっとも存在感の薄い立場にあるが、実際には結婚して大阪へ去ったあと、二郎の家は瓦壊し、あらためて彼女が二郎一家の扇の要であったことを思い知らされる破目になる。

興味深いのはここで二郎の兄の一郎が、妻のお直のスピリットがわからなくて、「実は直の節操を御前《おまえ》に試して貰ひたいのだ」と、一日和歌山に連れ出してくれと頼むシーンがある。この兄の

妻お直は二郎の目からはつぎのように解析される。

自分の見た彼女は決して温かい女ではなかった。けれども相手から熱を与へると、温め得る女であった。持って生れた天然の愛嬌のない代りには、此方《こっち》の手加減で随分愛嬌を搾り出す事の出来る女であった。自分は腹の立つ程の冷淡さを嫁入後の彼女に見出した事が時々あった。けれども矯《た》め難い不親切や残酷心はまさかにあるまいと信じてゐた

そして、「兄は今自分が嫂について云った様な気質を多量に具へて」いるために、ついに精神を病むことになり、これがこの小説が悲劇である主因であるが、そこで漱石全集の解説者である小宮豊隆などはみな一郎を主人公と見て、二郎を視点人物（一郎を語る人物）に置いてしまっていることである。そうではあるまい。これをうまく指摘したのは一九八七年（昭和62）に刊行された坂口曜子の『魔術としての文学――夏目漱石論』で、そこでは二郎を軸に、一郎夫婦と二郎、岡田夫婦と二郎と暗示的な三角関係、無垢のお貞が居なくなることで崩壊してしまう二郎一家、また、四つの独立した短篇という体裁をもった構成法のなかの、最初の「友達」の章のちぐはぐ感も、二郎の友人三澤も三角関係をもっていることで一貫される。この「友達」の舞台も、三澤の急性胃炎による大阪の病院なのである。そこで前年の大阪旅行であるが、漱石夫人の鏡子は『漱石の思い出』で、

大阪朝日新聞社が関西で講演会をするというので、講演を頼まれました。今度は真夏のことではあり、暑さは暑し、健康の人にしてからがうだってしまう時なのですから、病弱の人がよしたらいいと申すのですが、まさか講演旅行に味をしめたわけでもないでしょうが、第一真夏に家にいてもしかたがないし、知らない土地へ行ってみたくなったのでしょう

と語っている。

つまり、多少は避暑をかねての旅行だったのである。それが持病の胃をわるくして、当時東区今橋にあった湯川胃腸病院に入院することになる。これは湯川秀樹の婿養子先で、漱石の入院当時は養父の玄洋が院長であった。『行人』の執筆時には神経症も病らっていて、子どもたちがはしゃぐのにもきき耳をたてたりして、「こんな頭で書いたものか、この小説はずいぶん疑り深い変な目で人を見てるところが書いてあるかと思われます」とものべている。

坂口曜子は二郎の母が紀州藩の出であるところから、岡田は「いわば二郎の父母未生以前の地から二郎を当地へ誘うものであった」とのべ、紀州は徳川の分家である、岡田は大阪在住であるから徳川の敵でもある、とうがった見方をしている。大阪の夏が漱石を不快にさせたとしても大阪のせいとはいえまい。しかし、この小説に登場する大阪の夏はなるほど不思議な因縁尽くしになっている。毎年夏には難儀をしている私であるが、きまったようにこの時節になると、漱石の不快を思い出す。

人物プロフィール

なつめ・そうせき（一八六七〜一九一六）

一八六七年（慶応3）、江戸牛込馬場下（現新宿区喜久井町）に生まれる。小説家・英文学者。『行人』執筆四年後の一九一六年（大正5）持病の胃潰瘍が悪化し四十九歳で逝去した。

奪われた地名に抗して

金《キム》時鐘《シジョン》の『猪飼野詩集』

なくても　ある町。
そのままのままで
なくなっている町。
電車はなるたけ　遠くを走り
火葬場だけは　すぐそこに
しつらえてある町。

一九七八年（昭和53）に刊行した連作叙事詩集『猪飼野詩集』を、金時鐘はこんな風に書きはじめた。

モティフになったのは、その五年前の七三年二月、長く猪飼野の名でしたしまれてきた、鶴橋を起点とする、二世三世と代をつないできた在日朝鮮人の一大集落地が、隣接する町に併合されて、その名を失ったことにあった。折から、高度経済成長の時期にあって、「イカイノ」と聞くだけで、この辺りの地所や家屋が安く買いたたかれると怯えた辺りの地域住民が、総意で書き換えを求めたからだといわれる。
詩集のはじめには、つぎのような、猪飼野についての注がつけられている。

大阪市生野区の一画を占めていたが、一九七三年二月一日を期してなくなった朝鮮人密集地の、かつての町名。古くは猪甘津と呼ばれ、五世紀のころ朝鮮から集団渡来した百済人が拓いたといわれる百済郷のあとでもある。大正末期、百済川を改修して新平野川（運河）をつくったおり、この工事のため集められた朝鮮人がそのまま居ついてできた町。在日朝鮮人の代名詞のような町である

これだけでも、金時鐘の猪飼野にたいする並なみならない愛情がわかるが、ここから詩は、

そこでは　みなが　声高にはなし
地方なまりが　大手を振ってて
食器までもが　口をもっている。
胃ぶくろったら　たいへんなもので
鼻づらから　しっぽまで、

はては　ひずめの　角質までも
ホルモンとやらで　たいらげてしまい
日本の栄養を　とりしきっていると
昂然とうそぶいて　ゆずらない

と、本国の人びと以上に土着と郷土性を守ってきた、猪飼野人の生活実質が、その内面が語られはじめる。金時鐘の醸し出す猪飼野への「ユーカラ」といってよい。

だが、金時鐘自身は、彼のいう原初的な猪飼野人ではなかった。

一九二九年（昭和4）元山生まれ。日本の植民地時代に皇国少年として育った彼は、一九四八年（昭和23）四月、当時、冷戦構造下の世界情勢のもとで、便宜上引かれていた三八度線をそのまま硬直させて、南朝鮮だけの単独選挙を実施しようとしたアメリカの政策に反対した済州島の武装蜂起に、南朝鮮労働党の若い党員として参加する。結果は、三万人以上が殺戮されるという苛烈きわまりない状況のなか、かろうじて生きのびて、密航船で島に逃れ、日本の須磨の海岸に上陸する。密航船では、戦後、済州島に引き揚げるが、生活が出来なくて逆戻りする人たちもいて、そのなかのひとりから、鶴橋まで行けば同胞がたくさん居り、そこまでは連れていってやろうといってもらう。だが、はぐれて、かろうじてたどり着くにはたどり着いたが、疲労困憊、もうダメだと思って、自首を覚悟してふらふら表通りに出て来たら、「おまえ、まだどこも行くとこないのか」と聞く人がいた。やはり船に乗っていた人だった。

　とにかくうちのところ来なさい言うて、ご飯食べさせてもろうて、……とかく寝込んだんですけどね、寝られへんね。もう悪夢に襲われて、三週間くらいカンカンカンカン……とにかく表通りが恐い。それに暗がりが恐い

と、金時鐘は語っている。それが彼の猪飼野との出会いであり、まぎれもなく、そこに住む原初的な同胞によって命を救われたのだった。

やがて、年が明け、生野区の南生野町、俗に鶏小屋とよばれたみすぼらしい集落に落ち着いた彼は、自分の心の責めもあり、ふたたび政治活動を開始する。

話は飛ぶが、私が在日朝鮮人の詩誌「ヂンダレ」を知った一九五七年（昭和32）頃は、彼はまだ共産党のオルグで、朝鮮総連の関西地区青年文化部長などしていたが、すでに文学は政治に従属するものとして、ひたすら北の共産国擁護、金日成礼賛の作品活動を強要する組織とはきびしく対立していた。

さて、『猪飼野詩集』のなかには、「へだてる風景」という川を歌った詩篇がある。

川は

暮しをつらね
暮しは
川をへだてる。
川をへだてて
集落があり
集落をへだてて
街がひろがる。
街をながれる川を知らず
川はひろがる海を知らない。
澱んだ果ての／堆積であり
堆積の果ての
にごりである。

この川は猪飼野を南北に縦断する平野運河である。今も地下鉄今里駅を南へ、昔の大成通りをすすむと、近鉄大阪線のガードをくぐったところのバス停に猪飼野橋という名が残っているが、そのすぐ東をこの運河は流れている。かつて、この運河沿いには、引き物工場と錠前工場がたくさん並んでおり、引き物とは古い旋盤の一種で、これで切った捻子の切り屑などが、この川に投げこまれた。海を知らないこの川は哀しい。

下水を集めて
運河であり
退路を断たれて
な川である。
うごけぬ運河を
猫が浮き／境界をなして
川がしなびる

と歌い続ける。川がしなびるとは哀切できびしい表現だ。金時鐘らしい表現という他ない。

人物プロフィール
キム・シジョン（一九二九〜）
一九二九年、元山生まれ。評論集『「在日」のはざまで』で毎日出版文化賞。詩集『新潟』『猪飼野詩集』『光州詩片』など。それらの集成詩集『原野の詩』は小熊秀雄賞特別賞を受賞。『「在日」のはざまで』は〇一年、平凡社ライブラリーの一冊として再刊。著書に、『金時鐘詩集選　境界の詩』、金石範との対談集『なぜ書きつづけてきたか　なぜ沈黙してきたか』、講演・対談集『わが生と詩』、訳書に『尹東柱詩集』など。

象徴派詩人薄田泣菫の出立

日本の近代詩は一八九七年（明治30）の『若菜集』の登場によって黎明期の高峰に達するが、同時にそれは詩の韻律へのさまざまな試みや星菫派の登場をふくめて、さらなる多様化の時代の前ぶれでもあった。そのひとりに、ソネット（十四行詩）の形式をはじめて日本の詩に取り入れたり、すすんで古語復活に取り組んだ薄田泣菫がいる。つぎに掲げるのは久保田万太郎や辰野隆が折にふれて吟じたという「公孫樹下にたちて」の一節である。

あゝ日は彼方、伊太利《いたりあ》の
七つの丘の古跡《ふるあと》や、
円《まろ》き柱に照りはえて、
石床《いしゆか》しろき回廊《わたどの》の
きざはし狭《せば》に居ぐらせる、
青地《あをじ》襤褸《つづれ》の乞食《かたゐ》らが、

一九〇五年（明治38）五月に刊行された第三詩集『二十五絃』に収められている。のち一九二五年（大正14）刊行の『泣菫詩集』のあとがきに泣菫自身こう書いた。

私は『ゆく春』出版後、かれこれ二年ほど大阪にいましたが、雑誌「小天地」の廃刊と同時に京都に移り、岡崎に住んでいましたのを、日露戦争がはじまると同時に引き払って郷里の方に帰りました。ですから『二十五絃』には、大阪、京都、郷里の三地方に関連した作物が輯《あつ》められています

さて、ここでのべられているかれこれ二年の大阪生活とその前後こそは、若き詩人泣菫にとって、それこそ生涯を左右する大事な時間であった。

一八九七年（明治30）五月、二十歳になったばかりの泣菫は、後藤宙外や島村抱月が選者をやっていた「新春月刊」第二号の新体詩欄に、八六調ソネット十一篇をふくむ十三篇が採りあげられ、デビューした。だがそのあとの徴兵検査で胸部疾患が発見され、岡山の生家に帰還すると、隣家に住む四年年下の娘と恋に落ちた。この娘はしかし家を継ぐために婿を迎えねばならない身であり、結婚話が持ちあがるとはげしく打ちのめされた。さらに娘の結婚生活が不幸だと知ったときは、それを上まわる絶望に身を焦がす。「夫となりし人の品性が少女の性に遇はず、高潔なる小さき胸にいだきし希望と歓楽は夢かとばかりに事実の爲めにやぶられたるにや見られ候。朝も泣き

夕も泣き、欄干により自から髪をかきむしりしを聞くかなしさ」とは知人にあてた手紙の一節だが、この純情一徹さはなかばあきれるばかりだ。でもこの絶望が結果的には詩人薄田泣菫をこの世に送り出すことになった。

泣菫の岡山県尋常中学校時代の友人に四歳年上の平尾不孤がいた。不孤は早稲田の文科を卒業後、大阪の「造士新聞」というちっぽけな週刊新聞社に勤めていた。この不孤が、この頃心斎橋筋で仏教書をあつかっていた文淵堂の、三代目の息子であった金尾種次郎に、泣菫の処女詩集の刊行をすすめたのである。種次郎は泣菫の二歳年下。十七歳で店を継ぐと文淵会という文化サークルをつくり、やがて「ふた葉」という文芸誌も出したというから、気力あふれる若者でもあった。鉄幹と晶子がはじめて出会ったのもこの会合であった。熱心な不孤の説得に種次郎は赤字覚悟で引き受ける。

一八九九年（明治32）十一月、本文二色刷り、赤松麟作と丹羽黙仙の挿絵を五葉ずつ入れた四六横判のしゃれた造本で、詩集『暮笛集』は出版された。出版社金尾文淵堂のスタートであった。初版五千部（翌年刊行された『不如帰《ほととぎす》』が二千部だった）を二か月足らずで売り尽くし、三版まで出したというから、これはもう奇蹟に近い。「わが詩まことにいふに足るべきものなし、されどわが詩のわが調を保って、われ書肆としての君にわが詩を托せず、今日よりわが爲に尽さるる懇切の詞友としての君に托す」とは、出版がきまったときの泣菫の礼状である。このとき不孤は「文学時言　帝国文学記者に与ふ」という泣菫擁護の一文を「造士新聞」に書き、それが後藤宙外によって「新小説」に転載されることで、今日の泣菫たらしめる大きな要因をつくった。
その後泣菫は失恋の痛手癒えず、ふたたび岡山に引っ込むが、二人はそんな泣菫を文淵堂の二階に止宿させ、「ふた葉」にかわって発行することになった文学雑誌「小天地」の編集名義人とする。不孤と角田《かくた》浩々《こうこう》歌客《かきゃく》の三人で編集にあたった。新詩社系の雑誌として京阪の詩歌俳句の中心的存在となり、「東京在来の小説雑誌に比して一歩も譲らず」と評され、鏡花、藤村、逍遥、荷風に与謝野夫妻も毎号歌を寄せ、一九〇三年頃まで続いた。ここでは折口信夫の印象を掲げておこう。

（『暮笛集』について）今から思へば、出版史の上に書いてよい当時としては豪華な本で、而もこれが自分の手で最初に購うた書物だけに印象が深い。金尾の二階には当時泣菫さんが居って、主人種次郎君の代りに、帳場格子に坐ってゐられる事が多かったから、顔を見知ったといふ以上に、何か深い影響を蒙ったに違いない
（「詩歴一通」）

泣菫はその後、詩形の工夫から古典などからの古語復活にも精力的に活動し、一九〇六年（明治39）の『白羊宮』で頂点に達する。大胆な意味の転用を試みたり、古語を合成して新語をつくったり、アヴァンギャルドの面目躍如で、上田敏など少数を除いて多くの論難者を持った。不孤の一生は不遇で三一歳で病死するが、ここでは正宗白鳥に不孤をモデルにした小説『友情』のあ

ることだけを記しておこう。金尾種次郎はその後東京に進出し、いくども挫折を経ながら屈せず、最後まで美しい本造りに徹底した。それにしても金尾文淵堂を舞台に若い三人の物語は気持がよい。颯爽としていつ思い出しても心が洗われる。

人物プロフィール

すすきだ・きゅうきん（一八七七〜一九四五）

岡山県生まれ。詩人、随筆家。和洋漢の書物を独学し、キーツやワーズワースに感化されソネットを試作、それを「絶句」と称した。集中の八六調「絶句十九篇」は日本最初のソネットの試作とされ、この形式は現代詩人にまで継承され愛用されている。『ゆく春』『二十五絃』『白玉姫』などを経て、一九〇六年刊の『白羊宮』でほぼ詩業を終えるが、高踏派風の浪漫詩という評価が与えられ、泣菫・蒲原有明の泣明二家と称される時代を現出した。大正期以後は随筆家として活躍。随筆集に『茶話』等。一九四五年没。

しゃくられ旅・子規の大阪

子規は一八九〇年（明治23）から九六年にかけてつごう九回大阪の地をおとずれた。このうち、二二歳のときの二度目の旅については「しゃくられの記」と題して紀行文として残した。上中下に分けられて、いずれもそんなに長いものではないが、最初は「明治二三年七月六日午後一時、大阪中ノ嶋旅亭に於て書きはじむ」とト書きをつけて書き出されている。第一高等中学校の卒業試験も六月二四日に終えたあと、「病気のためと、他国へ旅行する程の金なきためと、故郷にある藤野胡伯に逢はんためと、故郷に母を見ゆるためと、道中の勝景を採らん為と」の、五つの原因にしゃくられての旅であった。七月一日朝早く新橋停車場を出ている。同行は三並良《みなみはじめ》、小川尚義。三並は松山中学入学後漢詩グループ「同親会」を結び、河東碧梧桐の父河東静渓に指導を受けて以来の友人で、小川も同郷で高等中学校の二年後輩であった。だが予定していた養老の滝見物などがあいにくの大雨であきらめざるをえなくなり、大阪まで旅程を早めての直行となった。駅で二人の友人はやはり同郷の友で、当時府立大阪商業学校の教師をしていた大田正躬をたずね、子規だけは藤廼舎こと是空子と大谷藤治郎の逗留するミナミの人形芝居彦六座の前の北村旅館にむかった。

門をはひって「大谷さんは御内ですか」といふと「あなた正岡さんでおますか」と下女が問ふた。「さうです」といふた。そして二階段をトン〳〵と上った。

この大谷だけは岡山県津山市の出身で高等中学校で出会った友人であった。近所の西洋料理店で晩餐となった。以下しばらく子規自身に語ってもらおう。

廉は廉なるが其順亭のをかしきこと、例へばサラダを初めの方に持て来てスチウを後に出すが如きたぐひなり。帰りに江戸堀の太田氏をひとりにておとづれつ。同氏は居らず。「今東京から来たお客とうらの西村といふ宿屋へ行かれた」と主人のいふに、そは妙なりと直ちに右の宿屋へ行くと果して三並、太田、小川の三氏椅子に坐して団欒したり。暫く四方山の話をなし、養老一件などを面白をかしくしゃべり、太田氏にしゃくるの解釈をいひきかせする内に三並氏は「雪隠がしゃくる様だ」として糞に行く。帰ってくると、ハア〳〵と笑ひ始め「あしゃくそに行て驚いてしまふた。中にはひってかごむと正面はまるあき、只あらい十文字の格子形の窓があるぎりよ。それもよかったが、手を洗ふ処がない。やう〳〵探りあて、手をつッこんで見ると、ハッ〳〵〳〵飯粒だらけよ。手にさはるものを何ぞと思ふと、まるで、ハッハッ〳〵

杓子か知らん」と笑ひころげながら話せり。これは盆を洗ふ為に水がいれてあったものなるべし。小川氏も笑ひこけしが「あしも少ししゃくられて来た」とまた小便に出張した

話の後半は浄水鉢とまちがえた三並の近眼の逸話だが、当時の荒っぽい書生気質がまるだしで面白い。もともとしゃくるとは糸を手でつづけさまに引くことをさし、そこから雨にしゃくられて養老の滝見物がおじゃんになったり、大阪到着が早まったりした行きあたりばったりの自分たちの道中に転用したものだが、のち長いカリエスで苦しむことになる子規を知っている私などの目には、このたあいないはしゃぎようが逆にせつないものに見えてくる。その夜子規はこの友人たちと別れてひとり大谷の寓居にもどって枕を並べて寝た。芝居小屋の前でしかも興行中とあって、「かしましともかしまし。どう見ても脳病者のすむべき処にはあらざめり」と書きとめている。部屋には一幅の画幅がかけてあり、遊女の画のかたわらに沢庵和尚の「説法も念仏いふもそつくも皆口過《くちすぎ》の道具とぞしれ」という讃があった。この日は大阪府博物館へ行って応挙の幽霊を見て、その翌日、大谷と記念写真を撮って、四時神戸から船に乗るつもりで梅田へ行き切符を買った。このとき大谷は「海へたつ別れやことに五月雨」と詠み、子規は「小嶋つたひに飛ぶほとゝぎす」とつけている。

しかし、このときはほんとうに天候にしゃくられっ放しということになり、神戸に着いて深夜の船に乗ったところ、強風で出航できなくなり、そのうち気分がわるくなって下船、ふたたび大

阪にもどる破目となった。といって大谷の宿屋に行くのもまがわるく、といって懐中すでに底を払っているところから、「やけじゃやけじゃ、あとは野となれ山となれ」と、渡辺橋南詰にあった高級旅館「花屋」に俥で直行した。「六畳の一間に床もなし。窓は格子外は道。ほの暗き部屋」だったが、机がありこの手記をここで書くことになった。早速大谷たちに助けを求める文を書く。「一二時過ぎて太田氏来り二時頃是空子もいそぎかけつけぬ」と無造作に書きつけ、八日体調が回復して、あらためて故郷へ帰る船に乗った。

松山に帰ると漱石から七月五日と九日付の二枚のハガキが届いていた。

早速御注進
先生及第乃公及第山川落第赤沼落第米山未定　頓首敬白

不順之折柄御病体如何陳は昨八日如例卒業式有之大兄卒業証書は小生当時御預上り申上候差し当り御不都合なくは九月に拝眉之上可差上候先は其すすめり上左様なら

人物プロフィール

まさおか・しき（一八六七〜一九〇二）

愛媛県生まれ。俳人、歌人。本名正岡常規（つねのり）。大学中退後、新聞「日本」に入社し、ここを生涯の拠点としながら、俳句、短歌、新体詩、小説、評論、随筆など他方面にわたり創作活動を行う。俳句雑誌「ホトトギス」を創刊、根岸短歌会を主催して俳句の世界に大きく貢献した。短歌において『歌よみに与ふる書』を新聞「日本」に連載、のちに門人の伊藤左千夫らが短歌結社「アララギ」を結成した。従軍記者として日清戦争にも従軍。雅号の子規とはホトトギスの異称である。

一九五二年の青春　吹田事件

眞継伸彦『青空』から

眞継伸彦が一九八二年（昭和57）四月から約一か年にわたって毎日新聞夕刊に連載した「青空」は、自身の学生時代を背景に、なかば自伝風の体裁をとりながらも、第二次大戦後の米ソの冷戦下にあって、ほぼ国論を二分しながら喧騒にあけくれた、昭和二十年代のこの国の状況をよくとらえている。なかでも一九五二年（昭和27）六月十五日未明におきた、のち吹田事件とよばれた騒擾事件を、これほど克明に正面から描いた小説は他にはあるまい。後半クライマックスとなる全体十一章から成る作品の第九章をまるまるこの事件にあてている。といっても、すでに半世紀以上も前の事件だけに知る人も今ではそう多くはあるまい。つぎは作品中に引用されている当時の朝刊の記事の一部である。

六・二五朝鮮動乱二周年記念日のきょう二十五日は全国各地で北朝鮮系朝鮮人を主とした集会が行われたが、その前夜の二十四日夜大阪豊中市柴原、△△大学グランド待兼山で開かれた〝伊丹基地粉砕友戦独立の夕〟に集った大阪府学連傘下の学生や北鮮系の朝鮮人たち千百余名は集会後徹夜でゲリラ的行動に出て阪急石橋駅で人民電車を強制的に運転させて移動、竹ヤリ隊を先頭とするデモ隊は警官隊の警備陣を突破して吹田市に侵入、出動した警察のトラックに火炎ビンを投げつけてトラックを火だるまにしピストルを奪って発砲、さらに通りかかった米駐留軍西南地区司令官クラーク准将の乗用車に火炎ビンを投げつけ同准将を負傷させるなどの不穏行動をくり返したうえ二十五日午前八時すぎには国鉄吹田駅に侵入、警官隊と衝突、駅フォームで乱闘、発砲騒ぎを起すなど十数時間にわたり連続してゲリラ活動を行うという全国でのはじめての巧妙な戦術に出た。この騒ぎで警官三十二名が負傷、デモ隊は三十五名（うち女四名）が逮捕された

以下、「人民電車を動かす　先頭に竹ヤリ　拳銃を奪って発射」「警官トラック炎上　19名火傷」など、小見出しをたてながら詳細が綴られる。

記事にあるとおり、この騒擾事件は、朝鮮民主主義人民共和国を祖国と信じていた在日朝鮮人が主力となり、それに同調する府学連の学生を中心とした日本人の組織がくわわって敢行された、軍需物資輸送阻止のたたかいであった。小説のなかでノンセクト的な立場にたつ主人公のマツギに、学生党員の友人がこんこんと語りかけるシーンがある。

「たとえばなァマツギ、猪飼野のどこかのオンボロ家屋の一階の油塵だらけの二間で、家族総

出で、手まわしロクロで細いネジを造っとるとしようや、……その細いネジがやでェ、何処かで親子爆弾の信管に組みこまれとるのや、……おっさんの所へ注文がくるのは、下請けの下請けの下請けの、まだ下請けからや。最初に米軍から親子爆弾やナパーム弾を受注しとるのは、兼商や江商といった大商社であり、商社が発注しとるのは小松製作所や。それが部品をバラバラに発注して、集ってくる製品をやなあ、この生野区のどこかの秘密の工場で、爆弾に仕上げとるのや。それが城東貨物線でもって東海道線『吹田駅』の操車場に運ばれ、西へ走って中国・四国の基地から朝鮮へ飛び立ち、おっさんが虹の彼方に夢みとる祖国を地獄と化しとるのや」

小説の第九章は、二人の朝鮮人コムニュストが東海道線岸辺駅のホームから広大な吹田操車場を眺めつつ、七か月後の朝鮮戦争勃発二周年にあたるこの日に、アメリカ軍の軍需物資輸送を阻止するための大規模な突入計画を話し合っているところからはじまる。今ではこのあたり一帯、ペンペン草が生えて往年の活気はみるかげもない。当時はとなりの吹田機関区とも合わせて、貨物分野のわが国屈指の一大拠点であった。

このあと小説はマツギを同伴者的立場から参加させることで、この日の行動を丹念に追求する。六月二十四日待兼山の集会が深更に終わると、軍事組織である行動派はそのなかに陽動部隊を送りこんでいて、そのまま阪急電車石橋駅へむかい、人民電車を走らせて警察の目をそちらへ引きつける。その間に主力部隊はコースを西国街道にとり、途中から南下して、服部駅で下車して東進してきた陽動部隊の一部と合流、吹田操車場へ突入する。先の新聞記事は警官隊の警戒線を突破、操車場駅長室北端から貨物線路ぞいに二千メートル東進、このため三十分間貨車仕分作業が出来なくなったと伝えている。吹田デモは初期の思惑通りの成果はなかったにしろ、何時間か軍需列車を遅延させることには成功したのである。

眞継伸彦はこの全過程を一貫して反戦、反米の立場に立った在日朝鮮人の視点から追求した。先の新聞記事をめぐっても、どうして新聞はデモ隊からも取材して人間の声ひとつとして報道しなかったのだろうと、作中のマツギにかんがえさせた。

それにしても朝鮮戦争は北朝鮮と韓国との同族相食む戦さとなったが、その結果猪飼野では在日同胞同士の決定的な亀裂をもたらすことになった。

ついでながら先に紹介した金時鐘も、非合法機関誌の一記者としてこの日隊列のなかにいた。二〇〇二年（平成14）の五十周年記念シンポジウムの講演で、「吹田事件・わが青春のとき」と題してはじめて重い口を開いた。

人物プロフィール

まつぎ・のぶひこ（一九三二～二〇一六）

京都生まれ。大学卒業後上京し、大学で図書館長やドイツ語講師をしながら小説を書き、一九六三年小説『鮫』で文藝賞を受賞。この小説は、第二部『無明』、第三部『華厳』と二十年を費やして書きつがれている。また、浄土真宗の研究結果をまとめた『親鸞』、現代語訳『親鸞全集』全五巻などの仕事もある。現在、姫路獨協大学名誉教授、作家。その他の著書に『光る蓮如』『樹下の仏陀』『男あり』『心の三つの泉』などがある。

若き日、大阪の草野心平

一九二五年（大正14）四月、当時二二歳の草野心平は、中国広州の嶺南大学に在籍していて、学友の黄瀛《えい》らと図って同人詩誌「銅鑼」をたちあげた。この年六月、夏休みの帰省で神戸港に着くと、そのまま大阪に出て駅頭で創刊同人のひとりであった原理充雄《げんりみちお》とあい、二人して時事新報社に竹内勝太郎をたずねたが不在だったため、その夜は原理の家に厄介になった。『わが青春の記』で、草野はその日のようすを懐かしげに回想している。

大阪駅で原理に、これも初めて会った。まだ十代の青年らしく、背がひくく痩せて白っぽかった。「遠心力の冬」というのがはじめて読んだ彼の詩の題だったが、なんとなくそのような、三日月みたいにとんがった男だった。少し歩くと彼はたちどまってぶら提灯に火をつけた。彼の家は淀川の土堤の近くにあり、小学生位の妹は白粉をつけていた。三味線かなんか習いにいっていたらしい。彼自身は郵便局の下級事務員だった。

原理充雄は本名岡田政次郎。一九〇七年（明治40）の生まれだから草野とは四歳年下だった。とするとこの時はまだ一八歳だった。数年後コミュニストとなって捕らわれて獄死した。その知らせを受けたとき、草野は黙して「原理死す」という追悼詩を書いたが、そこにも原理の暮らしぶりを回想した描写がある。

埃や煤やあめ売りや物干や溝や淀川に近い小工場地帯の裏側に。九つの妹は白粉をつけて三味線を習ひに行ってゐた。風呂で二人。痩せた身体と畸形児みたいなデカイ腹を原理はもってた。婆さんが歯をむき出してる向うに。石を投げつけた児が笑って。夕焼のにごった空が……、おれは煙草を吸ってゐる。たしかに生きて。ゐるのである

この詩を書いたのは一九三三年（昭和8）八月のこと。最初の出会いからまる八年の歳月が流れて、「銅鑼」もとうに終わっていた。原理が地下活動に転じたことは、彼のひどく個性的な鋭い詩才を愛していた草野にとっては、とうてい本意ではなかったろう。『第百階段』の詩人らしい、生きることへのいとほしさのようなものを私は感じる。この詩はさらに「朝顔の花が咲いて散って行くやうにではなく死んでいった友よ」と続くが、原理のこのような死に方を草野は赦していない。

ところで私はこの稿を書きすすめるのに、兵庫の詩人高橋夏男の『西灘村の青春――原理充雄

人と作品』と『流星群の詩人たち』という二冊の労作を参考にしている。

これによると、草野が原理を知ったのは、その二年前の一九二三年（大正12）秋のことであった。この年も七月帰国して郷里にいた草野は、広州へもどる旅費をつくる目的で、早逝した兄民平の遺稿と自分の合著のかたちで『廃園の喇叭』という謄写板刷りの詩集を出した。友人たちに販売する一方、八月、中国への帰途立ち寄った京都の書店で神戸から出ていた詩誌「想苑」八号を見ると、その有力同人の竹内勝太郎をたずねて手渡した。竹内勝太郎、のち若い野間宏や富士正晴も師事した象徴派の詩人である。「想苑」一〇号で、すると竹内は、「広東の嶺南大学にたった一人ゐる日本人――草野心平君が八月末にわざわざ令兄民平氏と合著の詩集『廃園の喇叭』を持ってやって来てくれた。大家振った人達からおしつけがましく批評の責任と一緒にいい加減な詩集や雑多な著書を贈られるより、こうした無名の人の熱心な、純朴な本を貰う方がどれだけ嬉しいか知れやしない」とのべ、草野兄弟の詩を紹介した。面白いのはこの雑誌に原理が投稿した詩も載っていたことだった。竹内の文を読んだ原理は早速草野に詩集を注文し、草野はその時手元には一冊しかなかったその一冊を届ける。草野と原理の交流はこうしてはじまり、「想苑」一〇号では草野も寄稿して、二人顔を並べた。やがて「銅鑼」発刊の準備と共に同人への誘いにつながった。この点でも獄死もさることながら、草野が原理の一六歳頃の詩篇を知っていたことに、より注目しておかなくてはなるまい。つぎは一九二三年（大正12）の原理の作品「星の匂ひ」第一連である。

音もない夕暮
ほのうすらいだ窓にもたれて
もの静かな空を眺めてゐると
あたりに深く、限りない一切の幽遠が充ちてゐる
さて、興味深いのは、先の草野と原理の出会いのシーンで、「これも初めであった」と草野としるした点である。とすると、この日は原理の前にもう一人初対面の人物が居なくてはならない。この年六月二九日、神戸に上陸すると、そのまま草野は元町の旅館に泊まった。翌朝たずねてきた坂本遼に会い、そのまま二、三日坂本の下宿に滞在、そのあと大阪に出て駅で原理と会い原理の家に向かった。『たんぽぽ』の詩人はこの時はまだ関西学院の学生で、「日本詩人」に投稿した「お鶴の死と俺」という詩が草野の共感を呼んで、「銅鑼」へ誘われたばかりだった。したがって坂本の「銅鑼」同人は三号からであった。

この点では草野の記憶は、こと原理との初対面にかぎり、あざやかに一年混同している。原理とは一九二四年（大正13）に会い、この時も同じように神戸から大阪に来て駅で待ち合わせ、原理家に泊まったのであった。このあたり、かえって草野の人なつっこさが滲み出る。ついでながら「銅鑼」はB五版変型謄写刷りの小さな雑誌であった。宮澤賢治、尾形亀之助らの参加をえながら

アナキズム系と目され、一六号で終刊した。一一号あたりから原理の詩は階級的な闘争詩へと変貌していった。だが草野の態度に変化はなかった。そこが実にいい。

人物プロフィール

くさの・しんぺい（一九〇三～一九八八）

詩人。福島県生まれ。旧制中学中退後一九二一（大正10）年から四年間中国広東の嶺南大学で学び、孫文、汪兆銘らとも交流した。庶民性あふれる蛙の詩人として親しまれる。

今東光の描いた河内

一九七七年（昭和52）に六巻本として東邦出版社が刊行した『小説河内風土記』は、今東光が書いてきたいわゆる河内物の集成。その巻之一には自序がついているが、そこでは、一九五一年（昭和26）、天台宗当局から辞令をもらって、はじめて中河内郡河内八尾中野村（現在の八尾市南山本）の天台院という寺に向かう道すがらを枕にした、なかなかユニークな河内第一印象を開陳した。駅を降りて単身ぶらぶらと歩いている途中、幾つかの見覚えのある顔にぶつかったというのである。ところがいつどこであったか記憶は定かでない。そのうち、はっとした。思い出したのだ。それは文楽座の人形芝居に出てくる庶民だった。

主役の人形はおほむね三人遣ひだ。けれどもそんなそんな厳めしいものではない。人形遣ひが一人で扱ふ群衆、つまり（その他大勢）の人形の顔なのだ。

ここまで読んで皆さん、河内人にたいする誉め言葉ととるか、けなし言葉ととるか、むろんどっちともいい難いだろうが、読みすすめるとこうなる。大阪人の顔には二種類あって、ひとつは京、伏見、堺、奈良の系統であり、いまひとつが、この河内というのだ。ヒョットコ面。

僕はすっかり嬉しくなった。浪花を形成する大多数は河内人なのだ。河内国の男女が労働を供給したのだ。道頓堀を掘った安井道頓が河内人でその指揮下でその堀をほったのは河内人だ。

住職になると、はたしてこれらの顔つきをした御同行と朝夕面をつき合わせることになった。東光ときに五三歳。戦前の若い頃には新感覚派の一員と目されながら『文藝春秋』の菊池寛と喧嘩をしたり、プロレタリア作家同盟に加入したり、そのあと三〇歳を越してから出家剃髪と、いろいろ変遷の多かった作家だが、この頃は『人斬り彦斎』などの歴史小説を書いて大衆小説への色合いを濃くしていた。坊主と作家の二足の草鞋も板についていただけに、檀家三六軒の貧乏寺もさして苦にはならなかったろう。難しい仏教語彙を並べるより「阿女古と信心はすればするほど好えのぢゃ」というほうが、皆んな目を爛々と輝かせて聞いたという。もともと子供の頃は神戸暮らしの関西贔屓とあって、早速土地柄採集にとりかかった。やがて、江戸期寛政頃から上方文化も江戸下りをはじめたそのなかで、河内だけが置いてきぼりをくらって、摂津、和泉さえが江戸風を取り入れたのに、河内だけが旧態依然として現代に至っていることに気づく。

「僕が天台院に入った頃の葬式は、昔ながらの露払ひが裃を着け先に立った。それは都で鳥辺野に行く葬式の形を残したもので、竹箒を持って露を払いつつ行列を進めた形を温存してゐた。ただ僕の時代にはハンティングをかぶって洋服の上に裃をつけ、袴の下からゴム長靴がにゅっと出てゐただけ近代的になってゐたのだ。そして昔ながらに焼き場に運んで隠亡が火をつけた。さういふ光景を誰が書き記すか。僕以外にないではないか」という具合。この僕以外にないではないかという自負は、そのまま旧態依然たる習俗や生活様式と同時に、そのなかに人情や人間模様をふくめて小説の素材となった。その分、そこに描かれた地域に住む人びと（特に八尾の人びと）からの、一面的ではないかというひんしゅくを買うことにもなった。

「ラッキーボーイやったん違いますか。天台院へ来て、『お吟さま』で知られて、河内で売れた。公民館で皆集まって、何処がどうの、あいつかどうの、あそこの女とどうの、と話しているのを聞いて、それを実名で書くねんから。話はしても、文章に残す物ではないものを書いた。事実に近いものはあっても、本来のものかといえば誇張しているものがあり、それが世間に広まってゆく。実際、中野と聞けば娘が嫁に行けない状況になってたし」

（市民と文化を考える会編『今東光の横顔』）

という意見もあって、今もそれは残る。なるほど『小説河内風土記』など読みすすめていると、闘鶏のこと、河内木綿の桟場の模様、あるいはそれが廃れている様子など、丹念に描かれる。だが、その一方で、河内を知ることで通俗化の道も早めていったのではないか。『みみずく説法』のなかに、河内者あるいは大阪人の気質をもっともよく表した言葉に「めし」「おなご」「ぜに」があると説いた箇所がある。そのなかの「おなご」のところでこんなことを言っている。

僕の檀家の極道者と名の通った人々と話し合ってみると、彼等は彼女等をおもちゃにするとか、嬲《なぶ》るとか、性欲の対象とか、そんな観念は微塵もないのだ。世に有り難い「おなご」にめぐり会うた悦びに陶酔して、この「おなご」のためには命もいらぬと思いつめて、かくは極道者の烙印を押されているのだった

思うに、今東光という作家は、先の八尾の証言にもあるとおり、ことごとく伝聞から発したものも、平気で実名で書いたり、モデルをあからさまに書いたために、小説の虚と実生活の実の見分けのつかない多くのふつうの人びとに困惑をもたらすことになった。なかでも寺のあった中野村贔屓でその功罪も残すことになった。さらにかきくわえれば、そのうちでも極道者と名を通った人びとが中心となったようだ。

と、なると、最終的には今東光の描いた河内は今東光の世界での河内といってみるしかない。あるいはそこが大衆小説の限界だったと見ていいかもしれない。それにしてもこの作家は、断固、自己のエゴに徹して河内を見たのだ。見られたほうがわるいといってしまえば、そう言えないこ

ともない。

人物プロフィール

こん・とうこう（一八九八〜一九七七）

横浜生まれ。九歳より大阪で育つ。関西学院中等部、兵庫県立豊岡中学校をいずれも退学処分になった後、上京し川端康成ら「新思潮」の同人となり「文藝春秋」にも参加するが、菊池寛と対立したことなどから文壇を去る。一九三〇年浅草寺伝法院で出家し、比叡山延暦寺で修行後、茨城県大花羽村の安楽寺の雇われ住職を経て、一九五一年に大阪府八尾市中野の天台院の住持となる。天台院住持時代に作家活動を再開し、一九五七年に『お吟さま』で直木賞を受賞。『悪名』『闘鶏』『河内風土記』など、八尾周辺の河内地方に取材した一連の「河内もの」を立て続けに発表し、流行作家となった。一九六八年に参議院議員となり一期務めた。

小出楢重の大阪ことば雑談

このシリーズに登場する人物は、いわゆる大阪を通り抜けていった人たちで、生粋の大阪人ではない。でも例外もあって、大阪人であるにかかわらず、ぜひとも登場させたい人物もある。けっして身贔屓をしない辛口型のタイプで、折口信夫や小野十三郎がそうだった。今回の近代屈指の油絵画家小出楢重もそんなひとりになる。といってこの人、この誌面にぜんぜん姿を見せなかったのではなかった。以前、十軒路地の宇野浩二を対象にしたとき、彼の後期の代表作「枯木のある風景」にふれて、これが晩年の楢重をモデルにしていたことから、そのなかで彼らしい人物が大阪ことばをめぐって語るくだりで、間接的なへんな登場となった。

「僕は昔からかなり毛ぎらいしたもんで、美校にいた時分なども、かなりな人たちを毛ぎらいしたもんで、ことに自分が大阪もんだけに、大阪人を非常に嫌がったもんや。東京から夏休みに帰る時など、汽車が逢阪山のトンネルを西へ抜けると、ぱッと世界があかるくなるのは愉快やが、わッと大阪弁が急に耳に押し寄せてくるのが何よりもむッとする」

これがそのときの会話の一部で、大阪嫌いを大阪ことばで語らせているところが、いかにも宇野浩二らしい。だが実際にはそここそが、まさに楢重的なところであった。つぎは彼の随筆集から「春眠雑談」の一節である。

私は、大阪市の真中に生れたがために、この温気《うんき》を十分に吸いつくし、この温気なしでは生活が淋しくてやり切れないまでに中毒してしまっている。しかし、かなり鼻について困っている。そしてよほど阿呆にされている。時に何かの用件によって上京する時、汽車が箱根のトンネルを東へ抜けてしまうと、それが春であろうと夏であろうにかかわらず、初秋の冷気を心の底に感じて心が引締るのを覚える。勿論その辺から温気そのものの如き大阪弁が姿を消して行くだけでも、大層、心すがすがしい気がするのである

先の宇野浩二の小説のシーンに該当するところだが、ここに出てくる温気こそが、楢重流大阪人の骨法になる。

何も暑気をさすのではない、寒暖計が何度上がるというわけのものでもないという。「ただ人間の心を妙にだるくさせるところの、多少とも阿呆にするかも知れないところの温気」、温気とは「悪くいえばものを腐らせ、退屈させ、あくびさせ、間のびさせ、物事をはっきりと考えることを

邪魔臭がらせる傾きがあるものである」が、それが大阪地方の温気だという。

その一例として、大阪では、まあその辺のところで何分よろしく頼んますというふうの言葉によって、かなり重大な事件が進められて行く様子をあげる。そして「従って頗るあてにならない人物をついでながらに養成してしまうことが多い。よたな人物などというものは関西の特産であるかも知れない」というところまで言葉を継ぐ。

楢重が大阪島之内の古いクスリ問屋に生まれたのは一八八七年（明治20）。だから時代相もそこを勘案しつつ、感じとってもらったらいいと思うが、その楢重の長じた目に映ったのは、京阪地方ぐらい文明の中心地帯でありながら、日本の国語（標準語）とはまったくちがった言葉を日常続けているのは、まったくめずらしいという印象であった。ここは単純なローカルことばとはちがう、文明の中心地帯でありながらに、アクセントを置かねばなるまい。

つまり楢重の嫌悪を誘うのは、自分自身この温気の中毒者であり、温気によって成人した大阪人のなかから、浄瑠璃、大阪落語、鴈治郎の芝居、地歌の三味線など、特殊な面白い文化が響くのにたいし、一方では、近年大阪弁に標準語の衣を着せた半端な言葉が、あちこち現われ出したことであった。たとえば「あのな」「そやな」の「な」を「ね」にかえるのが流行っているという。「これぼんぼん、そんな事したらいけませんやありませんか。あほですね」

こうなると、アクセントだけはまったくの大阪風であるから、ほとんど棒読みの響きを発し、交通巡査が怒っているような命令調の調子になり、多少神経が苛立っているときなど、この言葉を聞くだけで理由もなく腹が立ってくる。ここで先の車中の嫌がりようも納得できよう。もはや明治生まれの生粋の大阪人の、ひりひりするような感性を見るしかないが、さすがに油絵具の艶と粘着性に最大の関心を抱いた、画家の繊細な神経も見る気がする。

楢重は生まれつき僧帽弁不全症という病いをもち、そのため体重も生涯四〇キロをこえることなく、四十三歳で他界した。独得な質感量感に溢れる絵のほかに、随筆家としても多くの飄逸な名文を残した。なかにあって大阪物は警句としての価値をもったと思う。「上方近代雑景」のなかにこんな記述があった。「私は子供の如く、百貨店の屋上からの展望を好む。例えば大丸の屋上からの眺めは、あまりいいものではないが、さて大阪は驚くべく黒い低い屋根の海である」

ごく最近、私は『昭和の日本のすまい』という西山夘三の残した写真集を見た。一九三五年（昭和10）頃の大阪俯瞰などあってしみじみ思った。京都に比べると多少はビルが多いが、ほとんどは木造の町家と長屋である。アメリカが焼夷弾を思いついた理由をあらためて知らされた。楢重が見たものも同じだったろう。

人物プロフィール

こいで・ならしげ（一八八七〜一九三一）

洋画家。大阪市生まれ。一九一四（大正3）年東京美術学校（現・東京芸大）卒。文展落選を重ねたのち一九年第六回二科展で発表した『Nの家族』で樗牛賞を受賞し世に出る。関西の風土に根差した比類のない日本人油彩画家として次々と傑作を生む。ガラス絵、挿絵にも優れ、文筆もよくした。一九三一年四十三歳で病没。

生命の詩を謳いつづけた永瀬清子の新婚生活

近・現代詩の世界で、いつの頃から女性たちは、本格的にその姿をあらわしたろう。新井豊美の『近代女性詩を読む』など読んでも、やはり先行するのは圧倒的に与謝野晶子、あと文語詩形から口語詩形に移りつつあった大正期に入って、高群逸枝、深尾須磨子、森三千代。昭和の一桁代に入っても、林芙美子、左川ちか、竹内てるよ、永瀬清子、江間章子、藤田文江と、十指を数えるにすぎない。そのなかで一九九五年（平成7）に八十九歳で亡くなるまで、七十年近くを一貫して現代詩人でありつづけ、かつ宮沢賢治の「雨ニモ負ケズ手帳」の発見に立ち会うなど、詩史的にも大きな足跡を残したのが永瀬清子であった。

この清子は、岡山県の現在の赤磐郡熊山町の素封家の長女に生まれた。一九二七年（昭和2）親にすすめられるまま縁つづきの家の次男坊と養子縁組で結婚すると、夫が大きな保険会社に勤めていたこともあって、結婚生活の最初の四年間を、任地の大阪で過ごした。新居は東成区森小路、現在の旭区大宮三丁目、京阪電車の沿線であった。このあたりは清子の住む二年前に大阪市に編入されたばかりで、農家のあいだに簡便な文化住宅が建てられたり、森小路駅付近には別荘風の郊外住宅が建つなど、ようやくベッドタウンの装いをとりつつあった。清子の家は淀川の埋立地の四軒長屋（といってもピンのほう）の一軒。風呂は駅前の銭湯に通い、お手伝いひとり置いて犬も飼う新婚家庭であった。

ところで、永瀬清子の最晩年の詩集『あけがたにくる人よ』の掉尾には、「女の戦い」という結婚生活の苦労を回想した詩があって、次のように書き出される。

式がこれからという時
姑になるべきその人が私の前にぴたりとすわり
立札みたいに四角に
言葉を選んで云ったのです
「この子はこれまでいつも我がままに育てましたえ
あんたもこれからあの子の云う事は
ようても悪うても絶対さからわへんで下さいよ」

井久保伊登子の評伝『女性史の中の永瀬清子』によると、実際の清子は、このあと二人きりになるのを待って、心にきめていたこととして、こう夫に言ったという。

詩を書くことを一生の仕事にしたいので、そのことだけは決して咎めないでください

面白いのは、この突飛な申し出にとまどいながらも、夫はあっけないほど素直に承知してくれたことだった。私はここは大正期に発達した個人主義（いわゆる大正個人主義）を見るうえでも、大事な一点だろうと思う。なるほど夫はワイシャツや上着を着るにも清子に手伝わせ、ネクタイまで締めろといったほどの亭主関白だが、この約束だけは生涯たがえなかった。おかげで、ひとりの夫をもち、四人の子を育て、戦後家産が傾いたあとは百姓もやったりしながら、それでも一貫して詩を書きつづけた、稀有の生活詩人永瀬清子が存在しえたからである。

ともあれ、おかげで清子の大阪での生活は、そのまま半面はすっかり詩的生活となった。この頃の清子は東京の中央詩誌「日本詩人」に投稿するかたわら、名古屋の詩誌「新生」にも作品を発表、女性詩人としての道を着々と歩みはじめていた。また、師事していた佐藤惣之助が主宰していた「詩の家」の同人にもくわわっていた。

この同人が大阪にはとくに多く、三十人近くもいたといわれる。早速その中心メンバーとの交流がはじまった。惣之助が来阪してＮＨＫに出演した折には同人会のあと奈良、京都に遊び、日曜日には家によぶなど、詩にかかわる男たちとの交際も多くなったことから、さすがに夫は不満を募らせたりした。「詩の家」の同人には船場の番頭がいたり、税関の役人がいたり、人夫などをする者もいた。当時は東京ではモダニズムの豪華雑誌「詩と詩論」が出たり、長谷川時雨が女性

執筆者のために創設した「女人芸術」が再刊されたりしていたが、大阪の詩人たちも敏感にその動きを察して、さかんに議論など交した。

清子はこの淀川の埋立地を好んだようだ。このあたり、一八九七年(明治30)にはじまった淀川の流路変更大改修工事で、川床が陸地になり、人の丈ほどの叢の巣になっていた。なかほどに崩れた旧堤防が廃船のように残って、夏には荒地野菊が一面に咲いた。

ここに住んで居ると人間が森茫として来ます。とりとめがなくなっちまっていつも青くさい事しか考えられなくなります

(「森小路より」)

夜更けてひとり叢のなかの石に坐って、地平からのぼってくる星々を見るのをとくに好んだ。風が吹いて丈よりももっと高い蓼類や野菊の叢をそよがすなかにいると、自分が原始のなかに落ちこんでいるようにも感じられた。

一九二八年(昭和3)秋、清子はこの地で長女を生んだ。すると大阪らしい人なつっこいまわりの人の気遣いが身にしむようにもなってきた。夜泣きする娘に「樋屋の奇応丸、おのませやっしゃ」と教えてくれる人がいたり、知人の男性に出会って食堂で昔話をして、背中の子をおろして乳をあたえ、さて別れようとすると、夫にはけっしてしてもらったこともない、負ぶ紐でしっかり赤ん坊を背にくくりつけてくれるのだった。

三一年（昭和6）、夫の転勤で東京に転居、あっけなく大阪の生活は終わったが、若い女性詩人永瀬清子にとって、この淀川の地の四年間はかけがえのない約束の地となった。

人物プロフィール

ながせ・きよこ（一九〇六〜一九九五）

岡山県生まれ。詩人。女学校時代から詩作を始め、佐藤惣之助の「詩の家」同人となり、三〇年処女詩集『グレンデルの母親』を発刊。その後北川冬彦の詩誌「時間」「磁場」「麺麭（ばん）」同人として活躍。戦後、「日本未来派」に加入、五二年には詩誌「黄薔薇」を創刊、詩人の育成に努める傍ら、家庭裁判所調停委員、「平和憲法を守る会」など幅広い社会活動を行なった。他の詩集に『大いなる樹木』（47年）、『焰について』（50年）、『薔薇詩集』（58年）、『あけがたにくる人よ』（87年）など多数。

対談

『大阪人物往来』をめぐって

坪内稔典・倉橋健一

倉橋　谷崎なんかも、関西に住む前はけっこう大阪の悪口を言ってた。

坪内　この本は、大阪を通過したというか、大阪に寄った人で、文学に関わる人たちを話題にしたものですね。

倉橋　そうそう。文学だけじゃなく、福田英子が出てきたり、そういう人もいるけど。

坪内　何年間書かれたんですか。

倉橋　これ季刊雑誌やからね、一九九二年四月から二〇〇四年三月までだから、十二年ほどかかってるんだな。四十三篇あるからね、年に四回で。

坪内　年に四回、色んな人を探して。

倉橋　そう。二十七号から最終号の七十号まで続けてる。

坪内　これ書いててやっぱり、次に誰を書くかという楽しみがあったわけでしょう。

倉橋　そうそう。年に四回でしょう。書いたら次も書かなあかんというので、気にしてると、まあ見つかるんやな。

坪内　ひとつの話は短いから。エピソードというか。

倉橋　新聞のコラムと一緒ですよ。雑誌に載っていたときは、こういう形で写真なども入れて。

坪内　たとえば一番最初に、「道頓堀の小林秀雄」という話があって。小林秀雄が道頓堀を歩いていて、モーツァルトが頭の中で鳴って感動するという話ですね。小林秀雄のような天才的な人だからなのか、あるいはそうではないかもしれない、と倉橋さんは考える。もしかしたらこれは、道頓堀のほうが聴かせてやったんじゃないか、そのほうが面白いんじゃないか、ということですね。

倉橋　僕が思うに、道頓堀でモーツァルトが閃くって関西人はおらんだろうと（笑）、北（梅田）のほうならまだいそうだけど、南のあそこで閃くっていうのは、――あのト短調のタンタカタンタカ横に流れる寂しい旋律。それで、夜なんですよ。夜に百貨店に飛び込んで、レコード売場に行ってかけてもらったっていう。夜に百貨店なんてやってるかな、と思ったわけ。やってたんだな。

坪内　だから、街が逆に人を変えちゃうというか。小林秀雄のような冷静な思想家でも、道頓堀を歩いていたら違う状態になる、と。そういうエピソードが面白いですね。

倉橋　そうそう。その後すぐに辻潤を書いた。辻潤は大正の大震災に遭って、自分の女房の小島キヨを広島の実家に帰して、ちょっとお金を調達するつもりで大阪に寄っとるわけ。飲み助やから、お酒を飲んでるわけです。そこで道頓堀を歩いていたら号外がまかれてて、伊藤野枝が殺されたという。伊藤野枝は辻潤の初めの奥さんでしょう。ショックを受けて、そして「ふもれすく」という文章を書いた。辻潤と別れた後、伊藤野枝のほうは小説風にして別れた経緯をいろいろ書いてますけどね。けれども辻潤は一切沈黙していた。それが、伊藤野枝が亡くなった後に「婦人公論」に頼まれて、初めて野枝について書いたこの文章が、これでした。なんか無茶苦茶悲しい文です。

坪内　なかなかいい話ですよね。生きてる間は何も、悪口も言わないで、亡くなってから、僕は好きだったんだって。金子光晴の話なんかも——さるまたの話。あれも道頓堀っていうか大阪の街の中の話。

倉橋　金子光晴も面白いな。関東大震災で大地が揺れると、立ってるところが揺れるんだから、どこにいても駄目だっていうんで奥さんの森三千代を連れて逃げ出した。大阪に正岡容という漫談師が居てたよった。そこで面白いことを書いてる。日本橋とか道頓堀とかはものすごく明るいけど、ちょっと外れたら泥のように真っ暗だよ、と。

坪内　父子がさるまた一枚で暮らしていて、人が来たら履いてるほうが出て対応してたわけでしょ。親父さんが死んで、一枚のさるまたが子のものになって、豊かになったと詩では書いてありますね。倉橋さんはこの話はあまりに突拍子がなくて、と書いてますね。あの話はいったい何なんだろうか。

倉橋　金子光晴はすごく貧乏していて……ひとつには、大正期っていうのは——小島キヨの伝記を書いててもわかったんだけど、ものすごい貧乏、本当に貧乏のどん底なのに、とにかくどうしてか酒は飲んどる。

坪内　ああ、つまり貧しいけども、ある種の豊かさというか。

倉橋　小島キヨはのち辻潤の弟子と結婚して

子供ができて、ところがお金が一銭もない。産婆さんを呼んだらお金がいるでしょう。だからできたての産婦人科の病院に入院させるんですね、後払いで。その間に旦那は金策に走ってるわけ。しかしお金ができない。借用書を書いて、出るわけです。ところが家に帰ろうと思ったら、家賃を払ってないから帰れない。そこへ友人が、俺の家の二階に来いというんで、助かったと二階に引っ越すと、夜になっても電気がつかない。電気代払ってないから(笑)。小島キヨは日記にね、まあこんな赤ちゃんにおっぱいを真っ暗闇の中で、って書いてるんですね。そういう意味で、金子光晴の貧乏ともかさなります。大正っていう時代はその分、人情に溢れていました。日本の農村社会っていうのはそうだったと思います。

坪内　もうなくなった時代で、若い人たちにはわかりにくい話ではありますね。

倉橋　そうなんですよ。どこかに何か、とにかく自然に助け合っていたんですね。

坪内　まあその、パンツの話でも、分け合うなんていうと汚いとなりますね。

倉橋　あの金子光晴のパンツの話で面白いのは、父が死んでパンツが自分一人のものになって、それを履いて海に入っていたら、カニに持って行かれてしまう。

坪内　だからあれ、想像できるから——どう分け合ってたのかとか、洗濯はどうしてたのかとか、結構面白い。

倉橋　とにかく金子光晴にとっても、大正期のあの貧乏時代では、他人事じゃないわけです。

坪内　倉橋さん自身は、元々福井の人やけど、自分では大阪人という意識ですか。

倉橋　僕は両親が福井やからね。母の実家なんかも空襲と後の地震で倒産してしまうんですけども。僕は幼稚園から中学校までが、疎開先の福井でした。

坪内　ああ、疎開の間だけ福井だったんですね。倉橋さんの意識としては基本的には大阪人？

倉橋　そう。

坪内　大阪人として小林秀雄とか金子光晴を見ている。

倉橋　だけどね、自然とか故郷というとね、福井の町が思い浮かぶ。小さい町だから、福井市は。空襲に遭った時、人口十万程度の町だった。あとは疎開して東尋坊のほうで、三好達治の住んでた隣に住んでたわけやけど、その時はまだ観光整備されてなくて良かったです。何もなくて。

坪内　正岡子規の若いころの話が取り上げられてて、「しゃくられの記」という紀行文ですね。あれなんか今まで取り上げた人、いなかったんじゃないかな、と思います。

倉橋　ああそう、それは良かった（笑）。

坪内　あのころはまだ彼は二十三歳の学生で、何ということもない時代なんだけど、これを読ませてもらって、とても面白かった。明治の青春みたいなのが大阪に来て——大阪にまでやって来て。

倉橋　そうそう。それで漱石から、学校を卒業できたよって連絡もらうっていう話。

坪内　きみとおれは合格したけど山川や赤沼は落第した、という葉書をもらう時期ですよね。この本には子規もいるけど、漱石も二回ぐらい取り上げられてますね。堺の話と、大阪の夏のこと。

倉橋　漱石はね、なんか浜寺の料理が不味いって書いてて（笑）、たまらんなあ。

坪内　漱石は京都でも、このお寺は下品やとか、いろいろ書いてます。で、このたくさんの人たちが大阪をこう、過ぎていったのを、倉橋さんは三ヶ月に一回眺めていた。自分としてはどういう人に惹かれましたか、思い直した人とか。

倉橋　僕が思ったのは、織田作は自分で、大阪という舞台を守るわけでしょ。友人だった坂口安吾が、それに対しておかしいっていう。僕の場合もやっぱりね、自分の気持ちの中では福井が媒体に入ってきます。田舎っていうのは福井しか経験がないから。で、行ったり来たりするときに、嫌な大阪っていうのもいっぱいあります。だから大阪人が大阪を書いても、なんか絵にならない。

坪内　大阪っていうある種ローカルな話になっちゃうと、面白くないですよね。

倉橋　だから逆に外から見ていると、ちょっとしたときに、面白かろうと面白くなかろうと、ある面で辛辣な大阪も見えるわけ。宇野浩二に「枯木のある風景」という小出楢重をモデルにした短篇がある。東京から汽車で帰ってきて、汽車が逢坂山のトンネルを抜けたあたりから途端に大阪弁になる。むッとすると書いてる。わりとわかるんですよ。何も向こうに行って関東弁使うわけでもない、いくら頑張っても標準語にならないんだから、僕なんか居直ってやるけどさ。だけど、あまり大阪人って好きじゃないんですよ。

坪内　ああ、そういう感じします。それがたぶん、この本を面白くしていると。いわゆる大阪の文学者を語る本っていうのはたくさん出てますけど、だいたい面白くないですよね。いわゆる大阪といわれているものって、そんなに面白いわけでもない。だから倉橋さんが、ある意味大阪の人でありながら、福井という故郷を持っていて、目が二重になってるっていうかね、そういう人が大阪を旅した人たちを捉えているから、何か新鮮な風景になってるのかな、というふうに思う。

倉橋　ちょっと他所者なんですね。

坪内　大阪びいきの人が書いてるわけではない。

倉橋　だからね、逆に大阪人が見ない大阪が見えてくる、ということもあるわでしょう。これでね。

坪内　倉橋さんが大阪で一番嫌いなのは何ですか、端的にいって（笑）。

倉橋　ようさんあるわな（笑）。

坪内　たとえば倉橋さんは、僕が出会ったころから詩人で、一貫してあまりちゃんと働いてない（笑）ような感じ――暮らし立てはるからそんなことないんでしょうけどね――、詩と批評で八十何歳まできましたね。そういう人は珍しいですよね。それは意識的にそういう姿勢をとったのか、ある意味で強いられてそうなったのか。

倉橋　昔、坪内さんが若い頃、あの頃は「現代俳句」をやってたでしょう。そこで斎藤茂吉のことを書かないかんといわれて。その時に古本屋の宮石弘司さんが三十六巻持ってきてくれて。坪内さんが、ちゃんと書いたらこの古本代ぐらいは出るよと言って、それが書けなかった、あの時は。膨大な量に圧倒されて。それがあって、啄木と重ねて、明治末の初期の茂吉のことを書いてたら、溜まっていったんです。初め、僕が書き出した頃は現代詩は元気だった。社会派の勢いも非常に強かったんですね。小野十三郎・長谷川龍生のラインっていうのも、チカチカ光っていた。それが六〇年代に入ったらポシャっていってさ、吉本隆明らの流れに若い人たちは皆行ってしまった。

坪内　東京に行けば食えるかもしれないと。

倉橋　あの、テレビに出た頃ね、広告会社が元気になってコマーシャルソングを書かないかと僕などもいわれた。そのとき僕は意地張ってね、やっぱり自分の言葉をそんなところで汚したくないとか思って頑張ったけど、たとえば長谷川龍生なんかは東京エージェンシーで、万博の時には責任者になるぐらいですから、ちゃんとした人はそちらにいっても力があったということですね。ちゃんとした詩を書いていたら、その程度の潰しは効いたわけ。詩で食べられないのはわかってるわけでしたから。それをこちらで頑張ってさ、どちらからも相対化するしかない。一方では、東京へ行かなくてもやれるよ、と頑張らないといかんと思いました。

坪内　ずっと詩の批評、時評みたいなのをたくさん書いてこられたでしょう。それでいろんな詩人たちの詩集や仕事を紹介してきましたよね。今も朝日新聞（大阪版）でやってはりますね。ああいうのもしかし、今は難しいですね、詩歌が置かれている状況を考えたら。倉橋さんもよく頑張ってるし、朝日新聞もよく頑張ってる気がします。そういうことをずっと続けてこられて、それはやっぱり詩というものに対する希望というか、何か強いものがあるんですか、倉橋さんの中に。

倉橋　初めは小説を書くつもりでした、やっぱり。十九や二十歳の時。今度、茂吉と啄木の本のあとがきにちょっと書いたけどね、吹田二中って中学校に、「関西アララギ」派の富永堅一という先生がいて文芸部の顧問になったんで、僕らは変なものを書けない。

坪内　そういう先生の影響とかがあったわけですか。

倉橋　初めは、短歌をやれと先生が言うから、啄木調でやるわけですよ。それを先生がガリ版で雑誌に作ってくれるわけや。ところが全部、先生が手を入れて違う歌になってたわけ（笑）。

坪内　僕らもそうでしたよ（笑）。僕も高校時代に同じようなことをやっていて、実は先生が手を入れて直してるんです。

倉橋　それが作品になっちゃう。

坪内　そしたら、たとえば小野さんに出会うと、小野さんは短歌的抒情を否定するわけだから、倉橋さんにとってはかなり激しい曲折を経るわけですね。

倉橋　強烈でした。だから初めは反発する。僕は福井に疎開していた頃、三国の海岸にいて、隣の集落に三好達治がいたわけです。ついこの間も福井で「現代詩人会」の講演をしたんだけど。そこでもう少し年上で、そういう先輩でもいたら、連れられて行っていたと思うわけです。というのは三好達治は終戦の年、三国の町で戦争末期からフランス語を教えたり、二十代の若者とサークルを作ってるんです。そこで終戦になって、天皇どうするかってな議論をして、それが天皇退位論になって。そこへ中野重治も帰ってきて、討論をした。後に僕は知ったわけですが、もう少し年上ならそこにいたかもしれない。

坪内　ちょっとずれちゃった。

倉橋　そう。そこへ行っていたら、小野さんとは違う世界に（笑）。

坪内　ぜんぜん違う倉橋健一になったかもしれないわけですね（笑）。

倉橋　僕は自分でね、やっぱり三好達治に近いところもあると思う。

坪内　それはいわゆる文学志向というか、言葉の世界への憧れみたいなものが、どこかにあるわけですか。

倉橋　ありますね。終戦の一ヶ月前の空襲に僕も遭うわけですが、福井は十万の町で九十％が焼けた。町が小さいからあっという間に全滅した。それから四年たって、地震でまた壊滅する。よく立ち直ったなあ、と感傷的になるわけです。福井の連中には全然そういう発想がない。でも、それ占領下でしょう。あんな何もないときに、よく立ち直ったなあと思うと、何か感傷的になる。今でもそうです。そういうところに近い資質のようなものはずっとあります。小野十三郎について、これは龍生の話ですが、戦後まもなくの出版パーティの席で、戦前に「拷問を耐える歌」を書いた田木繁さん――後のリルケ学者だけど――、田木さんが、小野さんの短歌的抒情の否定方法では、惚れたはったなんかのような機微に満ちた内部は書けないじゃないかといったらしいんですよ。なるほど小野さんの詩にはそれは全然ない。やっぱり社会とか、現実とか、それに向き合うというリアリズムの特徴があって、そこで小野の方法論というのが一本化されてくる。それが人間の情念なんていうほうに行ったらさ、客観的リアリズムなんて言ってられない。

坪内　たしかにそう。

倉橋　なるほどと僕は思っちゃうんです。そこは長谷川龍生と違うんです。龍生さんはきちんと小野さんを進化させるけど、僕にしてみたら半分が小野さんですね。

坪内　三好達治の文化的サロン、あるいは勉強会みたいなものに憧れがあったと。倉橋さんも現実的には小野さんのサロン、小野さんを囲む文学の会にいたし、文学学校はそうだったわけですね。

倉橋　文学学校を手伝ったのは、龍生たちが東京に行っちゃうから、若い僕なんかが小野さんのそばに行って手伝うことになりました。そこで小野さんっていうのは文学学校の校長をしても、まったくえらぶったところがない。生徒でも何度か会って、慣れてくると、「おおい、滝本くん」なんてぐあいです。呼ばれたほうは生涯忘れないと思います。そこは僕は大きな影響を受けました。

坪内　はい。わかるような気がします。

倉橋　むしろ戦前からのアナーキストですね。プロレタリア文学ってのは正確には、ソ連派のボルシェビキを指すでしょう。アナ・ボル論争などあって、アナキズムからもどんどんボルシェビキに移る。でも小野十三郎は絶対動かなかった。戦後は社会党も共産党も親近感を持って、共産党の人などとくに、自分とこの陣営にしたい。日本文学学校はある時期そうなります。でも大阪文学学校は小野が校長である限り、そういうのを全然受け付けなかった。今残ったのはそのせいです。

坪内　倉橋さんも一見して政治的に見えるところもあるけど、いろいろ書いてるものを読むと違いますよね。

倉橋　僕も若い時、共産党に入ったんですよ。吹田で、映画サークルの常任になった。吹田にはレッドパージ以後、文章を書ける党員が少なくて、おまえ、五年たったら独立プロの映画会社に入れてやるから、と国会議員の経歴のある古参の方からいわれました。いい方でした。ただそのとき詩はね、もう吉本隆明が出てきたり谷川雁が出てきたり、当時、全学連の連中から情報が入ってくるわけで、もう共産党は駄目だって。六〇年安保の主流派がもう出てきて、党内抗争が始まっていた。だから入ったと同時に、何かこうズバっと入るっていうスタンスを取れないです。

坪内　だけど今も倉橋さんは――、いろんな人たちが倉橋さんを囲んで勉強会とかしてますよね。イリプスの仲間でもそうですよね。そういうのはずっと、倉橋さんの特色っていうのは一人で書斎に籠るんじゃなくて、いつも仲間がいる。

倉橋　なんでしょうね。六〇年の安保の頃は、谷川雁の「サークル村」が、《工作者宣言》なんていう本もあるじゃない。詩人っていうのは工作者じゃなくちゃならない、と。僕は谷川雁にはだいぶ心酔しました。われわれ詩人はね、やっぱりオルグでなければいかんと叩き込まれた。だからそういうことはやらないかんと思った。やると何か知らんが当時は上手くいきました。みんな集まって。ただそのやり方はね、小野さんから習ったニコニコ、横並び一線でやった。僕もそうでなくちゃいけないと思ってるから。僕は「現代詩」という雑誌の新人賞の佳作になって少し有名になったおかげで――関西では僕だけだったせいもあって、若い頃から「新日本文学」なんて雑誌から原稿の注文が来るようになったんです。ろくに本も読んでないのになんでおまえのところには依頼がくるんだと、仲間から無茶苦茶言われながら。言われながらリーダーをやってきたから、それは今でも抜けないかもなあ。

坪内　僕はこの本の一章を、倉橋さんに代わって、倉橋さんについて書くとしたら、自分より若い人とも真面目に喧嘩するというか、怒鳴りつけて喧嘩しますよね。酒が入るとなんか、真正面から喧嘩するというか。そういう倉橋さんを書きます。

倉橋　喧嘩じゃないんだけどね。滅茶苦茶論争しとったんですよ、若い頃。七〇、八〇年代頃から、僕のまわりの若い連中も変わりました。おとなしくなってしまった。

坪内　ああいうのって、あんまり大阪的ではないですよね(笑)。大阪はもっと商売言葉が発達して、柔らかくしちゃいますね。倉橋さんは柔らかくしないで、まともに体ごとぶつかっていく。

倉橋　いつの間にか手の内を見抜かれるというのか、周りの人たちは僕が怒り出してても終わるまでニコニコしてて、僕がくたびれるまで。こっちがくたびれてもケロッとしてるわけです（笑）。今野和代の『悪い兄さん』という詩集が出たでしょう。あれは僕が題をつけたんだけど、喜んでるわけや。僕もその一人やで（笑）。ただ、人は集まってきます。坪内さん、ひとつだけ言ったら、長くやってきたから、それぞれが特徴を持ってるじゃない。これは、何かやるときに助かる。何かイベントでもやるときに、僕がやるって言ったら、さっと動く機動力はあります。

坪内　ああ、仲間がね。

倉橋　仲間が。一種のプロジェクト集団になってる。それはものすごい速さで動くんです。

人物プロフィール　**つぼうち・としのり**（俳号　ねんてん）
一九四四年四月、愛媛県生まれ。俳人。「船団の会」代表。研究者としての専門は日本近代文学で、特に正岡子規に関する著作・論考が多い。

あとがきにかえて

戦後、まだまもない頃、大阪の生んだ無頼派の作家織田作之助の盟友であった坂口安吾は、その織田作の死についての一文を、「大阪の友達」と題して書いたことがあったが、そのなかにこんなふうにも書きとめた。

　まさしく日本文学にとっては、大阪の商人気質、実質主義のオッチョコチョイが必要なのだ。文学本来の本質たる厳たる思想性の自覚と同時に、徹底的にオッチョコチョイな戯作者根性が必要なのだ

今となっては、これだけでは何をいっているのかわかりにくいが、この文は、生前の織田作がふるさと大阪をあまりにも意識しすぎて、ありあまる才能を持ちながら、書くものが大阪に限定されてしまったことにたいする批評を前提にしている。この織田作は六年前の二〇一三年には生誕百年を迎えたが、依然としてこの地では人気もあり反響も強かったが、ただ私は、私も大阪に住みながら、この坂口安吾の批判はたいそう面白いと思ってきた。

ただ七十年も過ぎた今日にあっては、大阪の商人気質、実質主義のオッチョコチョイが生きているかどうかも疑問だ。安吾が指摘するような活性化することなく、今ではそれすらも縮こまってしまって、文字通り東京を仰ぎみる、老いた図体だけは大きい地方都市に転落してしまっているのではあるまいか。

そんな思いもあって、いつからか私は、大阪人ではない大阪を通り過ぎる人、つまりエトランジェのふとこぼす大阪印象記に、ひとつの興味をもつようになっていた。あるいは逆に、大阪人が見過ごしているような感じ方が、通りすぎる人のなかにより新鮮に、つまり手垢を拭うようにあるのではないだろうか。そこをいつか落ち穂を拾うように語ってみるのも面白いな、とも感じていた。

そんな矢先だった。一九九一年（平成3）の暮れ、たしか毎日新聞大阪本社の学芸部が関係者をあつめて催した、ちょっとした忘年会のようなものがあったときだったと思うが、私もその頃現代詩の時評を担当していたこともあって、そこで「おおさかの街」を発行していた斎藤浩弁護士に出会った。そこで、いろいろ意志交流したことが機縁で、今回一冊になったこのエッセイ類は、その翌年の四月から二〇〇九年（平成21）五月にかけて、27号から休刊の70号にいたるまで、43回に亘って連載されることになった。

「おおさかの街」は斎藤弁護士を発行者・主筆として、一九八五年（昭和60）一月に創刊された季刊誌で、「大阪にこだわり活動する人々をたずね、語り合って、その心を読者とともに共有する」と編集方針にあるとおり、大阪のもつ歴史性をタテ軸に移りゆく現在をヨコ軸にさまざまに還流させて、文化状況に迫るところから、大阪の未来像を模索しようというもので、ジャーナリスト、フォトグラファー、イラストレーター、出版関係者に司法関係の人らもふくめて、多くの人材がボランティアで編集スタッフを形成して、斎藤弁護士の事務所から発刊されてきたもので、B5判つまり週刊誌と同じ誌形で60ページほどの、なかなかおしゃれな、その一方で歯に衣を着せない歯切れよい論調を響かせた雑誌であった。ここで今多くを語ることはできないが、70号休刊時の斎藤弁護士の発言の一部をここにかきつけておきたい。

このような時代に、多彩かつ有能な歴代編集部の方々に恵まれ、多数かつ豪華な人士に原稿をいただき、またインタビューした。取材は大阪のほか、外はニューヨーク、ワシントン、上海、南京など、国内は東京、名古屋、新潟、京都、奈良、広島、福岡、沖縄などにおよんだ。本誌が組織した阪神淡路大震災での「ワンパック専門家相談隊」の活動も印象深い

ここに長く掲載できたことは、私にとってもかけがえのない僥倖であった。斎藤浩弁護士にあらためてお礼を申しあげたい。同時にこの誌休刊以来十年もたって、忘れずに

出版の機会をあたえてくれた「澪標」の松村信人さんにもありがとうをいいたい。彼は私の年下の詩友である。

二〇二〇年　雨月《プリュヴィオーズ》

倉橋健一

前世紀末から今世紀初めにかけて、大阪にこだわり情緒ある人びとをたずねかたりあってその心を読者と共に共有した特異のタウン誌「おおさかの街」（発行者・主筆　斎藤　浩）に18年にわたって連載。

プロフィール

くらはし・けんいち

詩人、文芸評論家。昭和９年、京都市生まれ。同人詩誌「山河」「白鯨」を経て、現在、総合文芸誌「第２次イリプス」主宰。詩集に『区絵日』『暗いエリナ』『藻の未来』『異刻抄』『化身』（地球賞）『唐辛子になった赤ん坊』『現代詩文庫　倉橋健一詩集』など。評論に『抒情の深層』『世阿弥の夢』『詩が円熟するとき―詩的60年代還流』など。

人がたり外伝　大阪人物往来

二〇二〇年三月一日発行

著　者　倉橋健一

発行者　松村信人

発行所　澪　標《みおつくし》

大阪市中央区内平野町二―三―十一―二〇三

ＴＥＬ　〇六―六九四四―〇八六九

ＦＡＸ　〇六―六九四四―〇六〇〇

振替　〇〇九七〇―三―七二五〇六

印刷製本・亜細亜印刷株式会社

ＤＴＰ　はあどわあく